歌德
Ge De

袁子茵 著

辽宁人民出版社

ⓒ袁子茵　2013

图书在版编目（CIP）数据

歌德 / 袁子茵著. —沈阳：辽宁人民出版社，2014.11
　　（走近世界文豪）
　ISBN 978-7-205-07916-1

　Ⅰ. ①歌… Ⅱ. ①袁… Ⅲ. ①歌德，J.W.V.（1749~1832）
—传记 Ⅳ. ① K835.165.6

中国版本图书馆 CIP 数据核字（2014）第 028783 号

出版发行：	辽宁人民出版社
地　址：	沈阳市和平区十一纬路 25 号　邮编：110003
电　话：	024-23284321（邮　购）　024-23284324（发行部）
传　真：	024-23284191（发行部）　024-23284304（办公室）
	http://www.lnpph.com.cn
印　　刷：	朝阳铁路印务有限公司
幅面尺寸：	156mm×227mm
印　　张：	9.25
字　　数：	114 千字
出版时间：	2014 年 11 月第 1 版
印刷时间：	2014 年 11 月第 1 次印刷
责任编辑：	陈　昊
封面设计：	白　冰
版式设计：	方舟文化
责任校对：	吴艳杰
书　　号：	ISBN 978-7-205-07916-1
定　　价：	18.00 元

出版说明

"走近世界文豪"丛书是一套以学生、教师以及广大知识青年为主要对象的通俗读物。它以深入浅出、生动活泼的文字向读者系统地介绍世界各国著名的文学作家和他们的代表作品。

让我们随着这套丛书走近世界文豪,聆听大师们的妙言,感受大师们非凡的生活。

置身于历史的画卷,看闪耀在文字长空的星辉,寻找人类文化历史发展的历程。从古希腊的神话王国到中世纪的骑士、城堡,从金戈铁马的古战场到五光十色的繁华都市,从奔腾喧嚣的河流、海洋到恬静幽美的峡谷、森林、农舍、田庄,世界文学之窗一扇一扇向我们打开,世界各国人民经历的久远历史、丰富多彩的生活图景在我们面前展开,让我们去漫游绚丽多彩、浩瀚无边的文学世界,让我们去游历文学世界的每个角落,体会人们的情感、爱恋、幸福以及痛苦、忧伤、希望……

在品读这些经典原著时,我们体会着大师们灵动的语言,共享着人类精神的家园,和大师们零距离接触,感受他们的生命和作品的意义,我们将能更多地获取教益。让我们每一个人的文学梦从这里走出,在人生的不远处收获盛开的花朵和丰硕的果实。

这套丛书由若干分册组成,每一分册介绍一位作家的生平、成长经历和他的代表作品。每一分册既是一本独立、完整的著作,又是全套丛书中的一个单元;分则为册,合则成套。

本分册介绍的是19世纪德国伟大的诗人、剧作家歌德的一生和他的举世闻名的代表作《少年维特之烦恼》《浮士德》。

前言

约翰·沃尔夫冈·冯·歌德（1749—1832）是18世纪中叶到19世纪初欧洲最重要的文学家、剧作家和诗人。他出生于德国美因河畔的法兰克福，逝世于魏玛。他的一生不仅从事文学创作，而且研究自然科学，进行文艺理论研究，参与政治活动。歌德是魏玛的古典主义最著名的代表，是德国最伟大的作家，也是世界文学领域出类拔萃的光辉人物之一。他的名字与世界文坛巨匠但丁、塞万提斯、莎士比亚相提并论。

歌德的创作大致分为三个时期：

早期创作在1765-1775年之间，其代表作品是书信体小说《少年维特之烦恼》（1774），剧本有《诸神、英雄与维兰德》（1774）、《普隆德尔魏伦的集市》（1774）和《帕得·希莱的狂欢节剧》（1774）等传统的具有民间特色狂欢节剧和讽刺性滑稽剧；有《克拉维哥》（1774）等描写爱情和婚姻的剧本；剧本《葛兹·冯·伯利欣根》（1773）以澎湃奔突的自由激情为美学特征，是狂飙突进运动的主要成果。

中期创作在1775—1805年之间，其主要作品有戏剧《托夸多·塔索》（1790）、《伊菲格涅亚在陶里斯》（1788）、《哀格蒙特》（1788）、《浮士德》第一部（1808）等叙事诗剧等。这个时期歌德追求宁静、和谐的人道理想，创作转向古典主义。

晚期创作在1805-1832年之间，重要作品有长篇小说《亲和力》（1809）和《威廉·麦斯特的漫游时代》（1820—1829），诗集《西东诗集》（1819），叙事诗剧《浮士德》第二部（1832），自传性作品《诗与真》（1811—1830）和《意大利游记》等。这个时期的作品主旨转向对人与世界、灵与肉、成与毁等生活本质的思考。

歌德多才多艺，爱好广泛。他曾自豪地说，除了天文学，他对各门自然科学都试图研究。作为诗人，他留给我们约2500首诗歌，他的诗篇犹如珍珠翡翠异彩纷呈。他还是文艺理论家，他的文艺评论体现着他的真知灼见。他是政治活动家，在魏玛公国当枢密顾问的10年间，推行政治经济文化变革，让魏玛这个弹丸之地变成了德国的文化艺术中心，步入了辉煌的古典文学时期。他是思想家，他的泛神论思想闪烁着光芒。他作为业余的自然科学家，在人类的胚胎中发现了颚间骨而闻名动物学界。他登台演剧多场，业余作画千幅，喜欢收藏钱币、雕塑等古董。他虽然没当过教授，却是一位知识渊博的学者。

歌德是高寿高产的作家，享年83岁，他的魏玛版的全集达133卷。歌德8岁开始写诗，24岁时就发表了《少年维特之烦恼》，获得了巨大的成功，并引发了感伤主义和狂飙突进文学运动。他的天才来自勤奋，在他临终时说过，一切要归功于自己的天才是愚蠢的。他的勤奋和执着体现在他的写作上，他的作品来源于生活，他的情诗之所以写得让人落泪，源于他恋爱的真实历程，他只有在恋爱时才写情诗。歌德的一个特点是，将已经开头的作品搁置几年，有时是数十年之久，将已经发表的作品进行重大的修改，将一些完成了的作品压下很长时间才付印。例如，《浮士德》陆续用了近60年的时间，"威廉·麦斯特"系列前后用了近50年。《诗与真》《意大利游记》各写了10多年的时间。他还烧毁了许多书信作品，他的作品数量难以统计。他说:"在我漫长的一生中我确实做了很多工作,获得了我可以自豪的成就。我有什么真正要归功于我自己的呢?我只不过有一种能力和志愿,去看去听,去区分和选择,用自己的心智灌注生命与所见所闻,然后以适当的技巧把它再现出来,如此而已。我不应把自己的作品全归于自己的智慧,还应归功于我以外向我提供素材的成千上万的事情和人物。"

歌德的一生是伟大的,歌德的形象是难以用笔墨来描述的。任何一本歌德传,都难以描绘歌德丰富灿烂的一生。他身边的友人爱克曼说过:"这位非凡的人物及其精神可以比作一个多棱形的金刚石,每转一个方向就显出一种不同的色彩。歌德在不同的情境下对不同的人显现的形象是不同的。"

歌德的思想和创作充满着矛盾,正如恩格斯指出的:"歌德有时非常伟大,有时极为渺小;有时是叛逆的、爱嘲笑的、鄙视世界的天才,有时则是谨小慎微、事事知足、胸襟狭隘的庸人。"

在"狂飙运动"中,歌德走上文坛,以自己毕生的精力进行了艰辛的文学创作,他用心血谱写出一部欧洲的形象的断代史。歌德在创作中,热情赞美活动、创造,歌颂积极向上的人生,探索和描绘人类未来社会的理想道路;对封建制度、教会反动势力以及资本主义社会的恶德败行,给予了严厉的揭发与批判,他对人类的前途充满了信心。歌德的创作,还促进了德意志民族意识的形成和民族语言的统一,并且为德国文学屹立于世界各民族文学之林奠定了基础。因此,歌德的名字为欧洲各国人民所熟悉,他的著作已成为全人类一笔宝贵的精神财富。

目录

前　言 Qianyan	/001
成　长 Chengzhang	
出生与童年时光（1749—1759）	/002
青少年时期（1759—1765）	/005
创　作 Chuangzuo	
早期创作：求学和狂飙时期（1765—1775）	/008
中期创作：魏玛时期（1775—1805）	/020
晚年创作：创作高峰期（1805—1832）	/037
戏剧创作	/048
主要作品介绍 Zhuyao Zuopin Jieshao	
《少年维特之烦恼》	/052
《浮士德》	/080
歌德与世界文学 Gede Yu Shijie Wenxue	/131

附　录
Fulu

歌德生平及创作年表　　　　　　　　　　/136
参考文献　　　　　　　　　　　　　　　/138

成 长 /Chengzhang

出生与童年时光
青少年时期

出生与童年时光（1749—1759）

1749年8月28日正午，时钟刚打12下，美因河畔法兰克福城的"皇家顾问官"家里，一个婴儿降生了。孩子一出生，就睁开一双深褐色、黑亮黑亮的大眼睛。他被取名为约翰·沃尔夫冈·冯·歌德。

歌德很风趣地描述自己出生时的吉兆："我生时的星辰是吉利的：太阳位于处女座内，正升到天顶；木星和金星和善地凝视着太阳，水星也不忌克，土星和火星保持不关心的态度，只有那时刚团圆的月，因为正交它的星时，冲犯力格外显得厉害。月亮因此耽误我的分娩，等这个时辰过了，我才得以诞生。"（参见刘思慕译《歌德自传》，第3页，人民文学出版社，1983）

皇家顾问中年得第一个孩子，阖家欢喜。夫妻俩的喜悦之情难以言表。母亲无奶水，只好请保姆照管，好在家境富裕，经济上不成问题。

歌德的父亲约翰·卡斯帕·歌德（1710—1782）是帝国议会的成员。约翰·卡斯帕·歌德首先就读于全国最好的学校之一：萨克森-科堡大公国的首府科堡的卡西米利安乌姆中学。念完文科中学后，便去基森和莱比锡上大学，学习法律，在韦茨拉尔德国最高法院实习，于1738年底在基森获法学博士学位。又到罗马和巴黎旅行，于1741年定居于他的故乡法兰克福。虽然家庭经济非常富裕，可是他的法律事业却进行得很不顺利。直到1742年查理七世聘他为皇家顾问，他的社会地位才逐渐提高，当上法兰克福市的参议员。37岁那年，他娶了市长的17岁的女儿为妻。婚后次年，第一个孩子出世，这就是约翰·沃尔夫冈·冯·歌德。他们共生了5个孩子，除了歌德和一个比歌德小一岁的女儿康乃丽亚外,其他一个儿子和两个女儿都夭折了。

法兰克福坐落于莱茵河右侧支流美因河的河畔,有30多万人口,是当时南北交通和工商业中心。城里有一个集市,歌德小时候特别愿意赶集,手中拿着几个小钱,在熙熙攘攘的人群中钻来钻去,到货摊上采购自己喜欢的小物件。法兰克福是一座德国中世纪时的古城,城中还留有许多古老的建筑:城墙、壁垒、堑壕、瞭望塔和辉煌壮丽的宫殿,这些都是少年歌德经常游玩的地方,这些古老的文化遗迹,深深地影响着歌德,直到老年,他都对它们怀有美好的回忆。歌德的孩提时代是在父亲的严厉管教和母亲的爱抚中度过的。根据歌德自传的描述,他的父亲是一个偏重理智的学者。他勤勉好学、自尊心强、寡言少语、热爱艺术、爱好收藏名画古籍,但是性情执拗、办事刻板、铁面无私。他是"一位极慈爱、亲切而又认真的父亲,尽管内心很柔和、体贴,在外表上却表现出难以置信、非常彻底的铁也似的严正"(歌德《诗与真》记载)。母亲天性活泼,善解人意,经常给孩子们讲故事。当孩子做错了事时,常常在严厉的父亲面前给孩子解围,但绝不包庇他们的错误。两人不同的教育方法可以用一个小事例来说明:

父母为了培养孩子们坚强、独立的性格,让歌德和妹妹单独睡在卧室里。夜深人静,两个孩子心生恐惧,常常从床上爬起来去找仆人。这时,父亲就会穿着宽大的睡衣,铁面无私地挡在过道里,直到把他们逼回到卧室里去。母亲却不这样,她和孩子们密约,如果晚上战胜了恐惧,第二天就能得到水果作为奖励。

母亲开朗乐观和蔼的性格,让小歌德感到母爱的伟大。他常常依傍在母亲的膝下,沉浸在母亲讲的那些充满神奇和幻想的优美的故事中。这些

故事大大地激发了歌德自由的想象力，萌发了创作的激情。

多年以后，歌德曾写了一首小诗回忆当年的感受：

父亲给我强壮的体魄，

还有立身行事的谨严，

母亲给我快活的天性，

还有喜欢把故事杜撰。

……

歌德长着一双大大的眼睛，圆鼓鼓的脸，宽宽的额头透着聪颖和顽皮。他的家是一所很大的旧房子，楼梯通向东西几间高低不一的屋子。楼下有一个宽敞的前廊，它的门旁边是一个很大的木格子窗户。屋里的人通过木格子窗户能看到外面的街道和街上发生的事情。从歌德写的自传中，人们可以读到这样一个4岁男孩的故事：

"有一回刚好是卖陶器的集市期，家人们不仅置备厨房要用的东西，而且还为小孩们买了一些小炊具、食器等给他们玩。这是一个晴朗的午后，家人们都安静地坐在家里，我带着我的盘儿、锅儿在格子间玩耍，既然再玩不出什么名堂来，我就把一个家伙抛到街上去，它摔得那样清脆，我感到很高兴。奥克逊斯泰兄弟们（住在对门的3个孩子）看见我因为这个而欢笑，甚至高兴得拍起小手掌来，便叫道：'再来一下！'我毫不踌躇地把一个小锅马上摔到街石上。他们不断地叫嚷：'再来一下！'我就不断地一个一个地把我的全套盘儿、锅儿、罐儿，通通摔下去。我的邻居继续喝彩，我极想得到他们的欢心，可是我的家伙，已经完全摔碎了，他们还是叫着'再来一下！'于是，我跑到厨房去，把那些瓦的盘子拿出来，它们摔起来当然更清脆好听；我这样跑来跑去，只要我的手能够得着，那一排排食器架上的盘子，我便一个个都端出来。因为这样子还不够痛快，我便把我所能够弄来的陶器,全都摔个干净……"

这件事情被大家当作了一辈子的笑谈。

歌德到了该念书的时候,父亲为歌德和他的妹妹聘请了几个家庭教师给他们授课,父亲给他们规定的课程很多,并亲自督学。

青少年时期(1759—1765)

歌德不喜欢文法,但在修辞学和作文方面的学习很出色。歌德记忆好,领悟敏捷,善于推理,明显高于同龄人的聪慧。少年时代的歌德不仅学习拉丁文、希腊文、意大利文和希伯来文,而且还学习英文和法文。语言艰深的文法对于小孩子们具有相当的难度,但小歌德往往自有掌握它们的办法。他构思了一篇小说,由远在不同地点的兄弟姐妹之间的通信组成,其中每一个人各用一种文字来写信,这样,小说由大家写成了,多种文字的学习也变得有趣味了。歌德最爱好的还是韵文和诗歌。8岁的时候,他创作了《新年献诗》献给外祖父和外祖母,掌握了诗的形式和诀窍,给人以"后生可畏"的印象。

少年是求知欲最旺盛的时期,由于他的父亲游历过意大利,又很喜欢意大利,就经常给歌德讲述意大利的知识和趣闻,父亲还在家的前厅装饰了一排排罗马的铜版风景画,后来这些画都被用镶金条的黑框框了起来。小歌德天天能从这里看到波波罗大道和彼得教堂。父亲还经常向他描述这些景物,把自己从意大利带回来的大理石等小收藏拿给孩子们看。在父亲的影响下,歌德已经不满足于法兰克福这块小天地,他向往意大利文化。就在20年后,歌德终于踏着他父亲的足迹,实现了他的愿望。

1756年爆发了七年战争。1759年1月至1763年2月,法国军队占领了法兰克福。法国驻军的托兰伯爵驻扎在歌德的家里。这个身躯瘦长、举止庄严、满脸痘疤的高级武官托兰伯爵,不仅为歌德的家人免除了浩劫的灾难,而且由于他的酷爱绘画,给了才10岁的歌德更多的接触名画家和名画的机会。伯爵参观了歌德父亲的画室以后,便把全城有名的画家请来作画,将歌德住的阁楼用作画室。从此,幼年的歌德就认识了这些画家,常常参观他们作画,甚至对速写和素描发表意见。后来,少年歌德还就如何画约翰的故事写了一篇详细的论文。

法国军队的占领也给法兰克福带来了法国戏剧。繁荣的法国古典主义戏剧进入了德国剧院。歌德从他的教父、当市长的外祖父那里,弄到了门票,每天都可以去剧院看戏。就这样高乃依、拉辛、莫里哀的世界向少年歌德打开了。

这样的环境,为少年歌德的成长提供了良好的氛围。然而要登上名作家的宝座,他还要果敢地走一条艰辛的道路。

创 作 Chuangzuo

早期创作：求学和狂飙时期
中期创作：魏玛时期
晚年创作：创作高峰期
戏剧创作

早期创作：求学和狂飙时期（1765—1775）

莱比锡大学 [1765—1768]

1765年10月，刚满16岁的歌德为自己设计了一条人生之路，他要专攻语言学、文学和历史学科。在父亲的支持下，他欣然前往莱比锡大学求学。

莱比锡当时约有3万人口，是西欧与东欧之间的贸易中心，是德国最大的博览会城市，是当时的文化中心。莱比锡市面繁华，市民生活轻松愉快，因而它被称为"小巴黎"。德国著名诗人和戏剧家莱辛曾说，在这座城市里，人们可以看到整个世界的缩影。

歌德从街道狭窄的法兰克福来到街道宽阔的繁华城市，摆脱了父亲的严厉管教，感到心情格外舒畅。他来到莱比锡半个月就写了这样的小诗：

像是一只小鸟，在美丽的树林里，

在枝丫上逍遥地摇曳，

安逸地享受着浓郁的乐趣，

鼓起自己的双翼，

在树丛中啁啾着跳来跳去。

歌德本来按照父亲的意愿，应该学习法律，但是他不想继承父业，而是想学文学。他向宫廷顾问博麦表明自己的意愿后，博麦对他学文学不以为然。博麦作为历史学家和宪法学者，对于一切带有文学气味的东西都表示憎恶。歌德只好根据博麦给他定好的课程，先听哲学、法律史和罗马法等课程。但他仍坚持经常听格勒特讲授的文学史和参加文学写作课。

哲学对他没有什么启发作用，逻辑学使他觉得很奇异，法律的讲授更是"糟糕"。他感到极其无聊。至于神学，歌德更是反感，他对宗教向来持怀疑态度，视圣经为宗教教条，使人思想僵化。格勒特教授虽然深受青年学生欢迎，但是他只重视散文，鄙弃诗歌。

歌德怀着对新知识的渴求，转向了新的学科，学习生物学、物理学等自然科学，学习绘画和雕刻艺术。

莱比锡大学是德国文学奠基人莱辛的母校。莱辛在歌德出生前3年就进了莱比锡大学。1768年，莱辛又一次来到莱比锡，但是，歌德当时没有认识到莱辛的伟大，他不但不想找机会接近莱辛，反而设法避开他。后来，他为此后悔，写道："我从此就再也没有机会瞻仰这位伟大的、令我十分尊敬的人的风采了。"直到"狂飙运动"时期，歌德才进入莱辛的世界。他由衷地说："《爱美丽雅·迦洛蒂》（莱辛的剧本）鼓励着我们青年人，我们十分感谢莱辛。"

在莱比锡求学期间，歌德就接触到了莎士比亚的作品，他最早接触的是《莎翁选粹》。莎士比亚的剧作，使歌德的精神视野大为展开，在一次纪念莎士比亚的讲演中，歌德曾这样热情地说道："我读到他的第一页，就使我一生都属于他了，我读完了第一部，我就像是一个生下来的盲人，一只奇异的手在瞬间使我的双眼看到了光明。……我没有一瞬间的怀疑，去放弃那遵循格律的戏剧。我觉得地点的一致是牢狱般的可怕，行动和时间的一致是我们想象力的枷锁。我跳到自由的空气里，我才感到，我有了手和脚。"

莱比锡市最著名的和拥有第二长历史的奥厄巴克斯·凯勒饭店和这里的浮士德的故事给歌德留下了很深的印象，以至于奥厄巴克斯·凯勒成了

他在戏剧《浮士德》的第一部中涉及的唯一的真正存在的地方。

不久，歌德在布路尔街的一家小旅馆吃饭认识了掌柜舍恩科普夫一家，对掌柜的活泼美艳的女儿安娜·卡塔琳娜一见钟情。歌德在自传中回忆道：她是"一个美丽可爱的女孩，我很喜欢她，可以有机缘来互送友谊的眼波"。为了能天天见到安娜，歌德在这家饭店吃包饭。两人情投意合，很快坠入爱河。

歌德在给他的朋友穆尔斯的信中写道："我爱上了一个姑娘，她没有地位，没有财产，现在我感到很幸福，真正爱情带来的幸福……她决不会弃我而去。"

安娜是一个身材匀称的女人，比歌德年长3岁。虽然不很高，但有一张圆圆的亲切的脸庞。歌德爱她那坦诚、温柔的表情，率真大方的举止，聪慧明智的思维。但是歌德仍然受到等级观念的束缚，两年后，两人友好地分手了。

这次恋情，进入了他的文学生活，他写下了两个描写爱情的剧本《恋人的情绪》《同谋犯》和一些抒情小诗。歌德以后还经历过10多次恋爱，几乎每一次都进入了他的文学生活。这时候的歌德崇拜的是流行的"洛可可"文学，他的文学生活就是从这些词藻华丽、独出心裁的"洛可可"式开始的。《恋人的情绪》描写两对男女疯狂的恋爱。《同谋犯》写一个酒店女郎爱上了一个少年，后来又变了心的故事，反映出歌德当时的思想感情。歌德的抒情诗大多数是歌颂爱情，抒写个人感受的，他的诗纤巧华丽，从下面这首诗中可窥见几分：

我跟着情人，

走进森林。

我突然拥抱——听她怎么说法？

"留神,——我要喊了!"

"我不在乎!"我喊道,

"谁敢拦阻我就把他干掉!"

她说:"别作声!干吗喊叫?

有人可会听到。"

两个月后,歌德病倒了。一天早上,他一觉醒来,突然发现自己满嘴都是血,脖子的左边长了一个肿瘤。

这次病倒不是偶然的,离家时的忧郁情绪,求学路上的不遂意,爱情上的失落,加上饮食的不当,又受了风寒,他的身体被摧垮了。在他19岁生日的那天,也就是在1768年8月28日,他收拾起行装,离开莱比锡返回法兰克福。

阁楼养病 [1768—1770]

歌德拖着病体回到了家,父亲很忧虑,这个望子成龙的父亲只得为他请医生看病。歌德在阁楼的病床上躺了数月,母亲和妹妹精心照料他。他的病一天天地好起来。歌德在阁楼里卧床养病,有时看看闲书。每当他闭目养神时,眼前就会浮现他昔日的恋人安娜的身影。他被悔恨和痛苦折磨着,他用画画、雕刻来打发日子。谁知这样一来又损伤了肺,这一次他几乎丧了命。说起来也有点奇异,正当大家束手无策的时候,一个偶然来到的炼丹术士挽救了他。病好后,歌德对炼丹术发生了强烈的兴趣,不仅捧着这方面的书本看,而且在自己的小阁楼上支起了小火炉,夜以继日地进行他的试验工作。

歌德将这次恋爱的经历写成了一本薄薄的诗集。他用诗发泄他的痛苦,让烦闷的心渐渐平静。后来,安娜嫁给了克里斯蒂安·卡尔·康内,后来的莱比锡副市长。

歌德度过了一年半的康复期，病已经痊愈。1770年他离开法兰克福，遵照父亲的意愿到斯特拉斯堡完成自己的学业。

斯特拉斯堡求学 [1770—1771]

斯特拉斯堡地处法国国土的东端，与德国隔莱茵河相望，是法国阿尔萨斯的一个城市，当时人口约5万人，是德法文化交流的中心。1770年4月2日，歌德到达斯特拉斯堡。在斯特拉斯堡大学里继续学习法律，同时选修医学。他学法律是为了取得博士学位。在这里他继续研究哲学、历史、神学和自然科学的问题。

在这里，他结识了许多新朋友，其中对他影响最大的是德国的思想家和文艺理论家赫尔德。赫尔德比歌德大5岁，已经是当时文坛上的知名人士。他引导歌德摆脱了追求形式的写作思路。在他的指导下，歌德阅读了荷马、莎士比亚，以及英国启蒙现实主义作家斯威福特、菲尔丁、高尔特斯密司等人的作品。赫尔德自己的著作《批判论》《德国文学论文存稿》《欧洲古代民歌集》中所表现出来的反对古典主义美学原则，重视民间文学传统的思想倾向，也深深地影响了歌德。但对歌德以后的文学生活来说，影响最大的还是莎士比亚。

在斯特拉斯堡，他还接受了荷兰哲学家斯宾诺莎的泛神论。斯宾诺莎的著作成了歌德百读不厌的书。赫尔德曾经说过："如果歌德能拿起一本斯宾诺莎以外的拉丁文书籍，那该有多好！"这个被逐出教会的犹太人的思想，促进了歌德唯物主义世界观的形成，并渗透到他的诗歌创作中。海涅这样来形容这种关系："斯宾诺莎的学说咬破了数学形式的茧儿，变成了歌德的诗歌飞舞在我们周围。"歌德还接触到法国启蒙思想家伏尔泰、卢梭批判僧侣阶级和封建秩序、宣扬个性自由的著作。

这一切为歌德投入"狂飙运动"做了思想准备。

歌德这种思想上的变化,也反映在他的恋爱生活中。他爱上了一个美丽纯洁质朴的农村姑娘弗里德里克。这是斯特拉斯堡近郊农村一个牧师的小女儿。莱比锡的繁华都市让歌德对喧嚣热闹的城市生活感到了厌恶。这田园生活的恬静和谐,这天使般的姑娘,深深地吸引了歌德。他从弗里德里克家回来,第三天就给她写信,诉说离开她的思念心情。他对弗里德里克的爱情从1770年10月第一次见面时开始到1771年6月结束,分别那天,弗里德里克流着眼泪送走了骑着马儿离去的歌德。据说弗里德里克以后一直没有结婚,在家乡度过了孤寂的一生。

一年多的斯特拉斯堡学习生活结束了,1771年8月,歌德带着法学博士的学位回到了故乡。

韦茨拉尔就职与狂飙突进时期 [1771—1775]

1772年5月10日,歌德听从父亲的教谕来到了韦茨拉尔的帝国最高法院。同年5月25日,他开始在帝国最高法院实习。父亲对儿子的学业感到满意,为他领取了律师执照,希望他能从此安心这个职业。但青春旺盛的歌德却安静不下来,他本来就不喜欢法律,对事务采取应付态度,因此来找他的人很少,这样的日子过得又枯燥又无聊。有一次歌德出庭辩护,由于言词太激烈,受到法官的斥责,这使他对这个职业更是心灰意冷。这次在帝国最高法院的实习对歌德并非不重要,他对帝国最高法院的情况是很感兴趣的。因为他希望能够从中获得一幅帝国现状的图景,尽管他同时也意识到了自己专业知识的不足。歌德希望有依照进步的、人本主义的裁决和实践,以及有顾及心理和社会因素的法规工作。

这期间，歌德看了16世纪有名的骑士葛兹写的自传《铁手骑士葛兹》，立刻被这位英雄的形象吸引住了，他随即开始写剧本《葛兹·冯·伯利欣根》。经过几次修改，于1773年发表，这时他24岁。

葛兹本是16世纪的一个没落骑士。他反对贵族和封建割据，同情被压迫者。当时正是德国农民革命战争时期，葛兹以建立一个依靠骑士的皇权为目的，参加了农民起义军，并担任军事指挥。但他与农民军貌合神离，终于又与敌人妥协，被囚在教堂里，直至死去。歌德把历史上的葛兹加以理想化，把他描绘成一个反抗封建诸侯和暴政的英雄，情节上也做了一些改动。

葛兹在剧本中是雅克斯特豪森的世袭领主。他刚强正直，见义勇为，对诸侯的专横暴虐十分不满，一生致力于为皇帝钳制诸侯，为人民除害。他的右手在战斗中被射断，安上了一只铁手，因此他得到了一个称号——"铁手骑士"。诸侯们对葛兹又恨又怕，他们收买了葛兹少年时代的朋友——骑士魏斯林根，让他来反对葛兹。在一次敌我力量悬殊的战斗中，葛兹不幸中计被俘，被囚禁在海尔勃隆。他的妹夫济金根闻讯赶来，将他救了出来。这时，爆发了农民起义。在起义者强制性的要求下，葛兹做了他们的首领。但是身为贵族的葛兹与农民军思想和行动不一致，他只得孤身离开了农民军。农民军内部发生了内讧，被魏斯林根击溃。受伤的葛兹再一次进了监狱，由于他伤势过重，不久就在牢房里死去了。

歌德把葛兹塑造成一个反封建、争自由的英雄，他对诸侯作战，体现了狂飙突进运动的反抗精神。该剧本是受莎士比亚作品的影响下写成的，剧中人物众多，场面不断变换，在形式上打破了戏剧的规律，语言生动，形象鲜明。这个剧本在政治上表现了德国人民渴望自由和国家统一的心情。剧本一出版就风行全国，尤其是青年人都争相阅读，青年歌德也因此一举驰名全国，成了"狂飙运动"的代表人物。

"狂飙运动"是18世纪70年代德国文学青年掀起的一次反封建的文化思想运动。它的名称来源于剧作家克林格尔的《狂飙突进》剧本名。聚集在这一运动周围的都是些血气方刚的青年诗人。这些进步青年出于对腐朽现实的不满，崇尚一种躁动的情感："在狂飙中忘怀一切。"《狂飙突进》中的青年主人公维尔德这样说道："让我们发狂大闹，使感情冲动，好像狂风中屋顶上的风标。在粗野的吵闹中我不止一次地感到畅快，心中仿佛觉得轻松。"这批青年作家掀起的文学运动如"狂飙"，势不可当，故此得名。这种"狂飙式"的热情一度席卷全国。

这个运动的纲领是崇尚自然，推崇人才。作家们也以天才自命。他们要求个性解放，要求民族发展。因此，他们反对封建专制，反对模仿法国文学，要求创造德国自己的民族文化风格。

狂飙突进运动大致始于1770年。赫尔德就是这个运动的纲领制定者和理论家。歌德的《葛兹·冯·伯利欣根》可以说是"狂飙运动"的第一部杰作。在葛兹身上体现了"狂飙天才"们反封建、反教会的思想和启蒙主义者的人道主义精神。恩格斯称歌德这个剧本是"通过戏剧的形式向一个叛逆者表示哀悼和敬意"。不过，葛兹反抗现实却并不是面向未来，而是回望过去，希望恢复中世纪的神圣罗马帝国，在皇帝统治下成立宗法家长式的联合。因此，他惧怕农民斗争，终于脱离民众，在孤军奋斗中走向了失败。这反映出"狂飙运动"的局限性。

剧本《葛兹·冯·伯利欣根》在艺术上也很有特色，它冲破了古典主义的"三一律"，整个剧情都自由展开，不受时间和地点的限制。在这个剧本中，竟出现了30多个不同的地点，从吉卜赛人的帐篷到骑士的城堡，从兵营到皇帝的庭园，从森林到牢狱，画面十分广阔。这个剧本具有异乎寻常的德意志的力量、深度和真实。诗人毕尔格尔称歌德为"德国的莎士比亚"。

1772年6月9日,歌德去参加两里地外的福尔佩特豪森舞会,在路上他认识了法官亨利·布胡的大女儿夏绿蒂。夏绿蒂长得并不十分美丽,但活泼可爱,周身散发着青春的气息。她母亲去世后,她就代替母亲尽心尽力抚育她的10个弟妹。歌德与她以及另外一些同伴同车,对她一见倾心。夏绿蒂的未婚夫克斯特纳因事耽误了,正骑着马在后面走。克斯特纳是翰诺威尔公使馆的秘书,同时也是歌德的朋友。在歌德的眼里,夏绿蒂是一个淡泊不矜持的女子,不爱打扮。但那种"轻盈秀丽的体貌,纯良健全的性格,以及从此派生的蓬勃的生气,对于日常事务处理的才智"的魅力深深吸引和迷醉了歌德。夏绿蒂也很喜欢跟歌德做伴。然而,这一开始就注定歌德的爱恋是一场单相思。因为夏绿蒂已经订婚,她的未婚夫克斯特纳是一个非常正直和可信赖的男子。

他们三人经常在一起,克斯特纳同歌德保持着友谊,夏绿蒂也明确表示只能给歌德以友谊。在度过一个晴和美好的夏天以后,歌德深感他们三人的关系日趋紧张和尴尬,萌发了自杀的念头,他将一把磨好的匕首放在枕头底下,但最终他还是解脱出来了,他的理智占了上风。歌德决定离开此地,临别前一天,他分别给克斯特纳和夏绿蒂写下了一封告别信。1772年9月11日,歌德离开了韦茨拉尔。离开了心仪的夏绿蒂,歌德痛不欲生。这时,歌德接到了克斯特纳的信,克斯特纳在信中告诉他耶路撒冷于1772年10月底自杀的消息。歌德于1772年11月6—10日短暂地重返韦茨拉尔。耶路撒冷是歌德在莱比锡大学的同学,他爱好英国文学,性格有些内向。

他在布伦瑞克公使馆当秘书。据说他热恋一个朋友的妻子，因无法实现愿望，又无法排遣内心的情感，便假说要去旅行，借了朋友的手枪，在1772年10月30日的夜里自杀了。他死时穿棕色长靴，身着黄色马裤，青色燕尾服。在耶路撒冷自杀前不久歌德还在与他探究人生的意义。

歌德对夏绿蒂爱的体验和遭遇，还有这几年周围工作环境及家庭造成的压抑的心情，加上耶路撒冷的自杀，种种事情凑在一起，是歌德创作《少年维特之烦恼》的起因。1774年2月他开始动笔，经过4个星期，于1774年3月初完稿。故事的完整情节及维特书信、日记的内容和日期都与歌德给夏绿蒂的信相差无几。只是小说中的维特死了，歌德却活着。1774年秋，《少年维特之烦恼》出版，立即引起轰动，这部小说获得了巨大的成功，并引发了感伤主义和狂飙突进文学运动。

《少年维特之烦恼》的出版，在德国文学史上具有划时代的意义，它不仅使年轻的歌德一跃成为享有全欧盛誉的作家，也为德国文学在世界文学领域中争得了一席重要地位。

青年歌德有着充沛的精力和旺盛的创造力。这个时期，歌德还写过一个诗剧《普罗米修斯》，但当时没有完成，只写了两幕。歌德在该剧中塑造了一个不畏强暴、为人类的幸福勇于牺牲自己的普罗米修斯形象。这个剧本在1830年才出版。投身"狂飙运动"中的歌德还写了许多热情奔放的抒情诗，其中《五月歌》《湖上》等都很著名。在这些诗中，他歌颂生机勃勃的大自然，显示出反对封建束缚的思想倾向。还有《论德意志建筑艺术》《戏剧协奏曲》《牧师的信》等。歌德一生写过2500多首诗，这些诗都是他强烈的思想感情的自然流露，感人肺腑。

1772年9月到1775年是歌德文学创作的第一高峰期，绝大多数狂飙突进时期的作品如《葛兹·冯·伯利欣根》（1773）、《少年维特之烦恼》

（1774）都是这时期写成的，这些作品让歌德成为著名作家。

1775年元旦，歌德应邀出席一个家庭的音乐会。音乐会地点在法兰克福已故银行家舍内曼的豪华住宅里举行。在这个音乐会上，歌德认识了银行家17岁的独生女儿安娜·伊丽莎白（昵称丽莉）。此后，他们经常一起骑马出去游玩，很快建立了感情。经过两家家长的默许，他们两人订了婚。但歌德的父亲不喜欢丽莉，因为丽莉接待宾客像"交际花"，两家的宗教信仰不同，两家的家规和生活情趣也迥然不同。丽莉家经常是宾客盈门，而歌德家讲究清净，爱好书画。所以，尽管他们订婚了，歌德也感到了他和丽莉的结合没有未来，他决定放弃这段感情。歌德在《诗与真》中写道："但是我的爱丽莉之心使这种理性的裁断动摇。"他们从认识、订婚到分手不到一年的时间，但丽莉给歌德的印象令歌德终生难忘。这一次仍是歌德先跑开的，其中除了家庭的原因外，主要也在于歌德怕受爱情的束缚。他在为丽莉所写的一首诗中，发出过这样的呼声："爱情，爱情呀，还我自由来。"然而，对女子的负心也常给歌德带来愧疚和痛苦。老年的歌德曾说：丽莉是他一生中唯一爱过的女人。他曾写下四行诗（杨能武译）：

可爱的丽莉，你曾一度

是我全部的欢愉，全部的歌，

唉，而今你成了我全部的

痛苦但仍是我全部的歌。

歌德在痛苦地回首往事的时候，写下了《诀别》一诗（钱春绮译）：

我已尽了应尽的义务

今后再也不来找你麻烦，

请原谅你的朋友。他就要离你而去。

恢复他自己的安闲。

这一年歌德写了剧本《史推拉》，反映了他的这种愧疚和痛苦的心情。

剧本《史推拉》是歌德忏悔作品之一。讲述的是一个美丽善良的女子史推拉哀婉悱恻的爱情悲剧。史推拉在16岁那一年，由于一个偶然的机会，她结识了比她大10多岁的费南多，他们之间很快产生了爱情。但史推拉不曾想到费南多已是有家室的人了。费南多爱史推拉年轻貌美，便瞒着她遗弃了妻子车绮丽和女儿岁西，带着她来到乡间住下来。5年后，费南多不辞而别，这一去就是3年，音信皆无。度日如年的史推拉托人雇了一个少女做伴。被雇的少女与她的母亲沙媚夫人一起来到这里。谁知在沙媚夫人她们到来的同一天，游荡了3年多的费南多也回来了。费南多发现那个叫沙媚的中年妇女就是8年前被他遗弃的妻子。此时，沙媚夫人、史推拉和少女正打算住在一起。在同一场合同一时刻，3位女性明白了她们思念等待的是同一个人。剧情矛盾纠葛缠绕，大段台词表达各人心声。与妻子的重逢使费南多的良心受到震动，他决定抛弃史推拉，与妻子女儿一道远走。史推拉承受不了这个打击，服了毒药自尽，悔恨交加的费南多随即也用手枪自杀了。

在这之前，歌德还写了一个剧本《克拉维哥》，也是描写负心男子的忏悔和被弃女子的不幸的。克拉维哥原是一个穷困潦倒的青年，他得到一个富商的养女玛丽亚的帮助和爱情，答应以后娶她为妻。可是他当上了王家史官后，却违背诺言抛弃了玛丽亚，导致玛丽亚的病亡。玛丽亚死后，他又跑到她的灵前表示忏悔，最后丧生在玛丽亚哥哥的剑下。这两个剧本和《少年维特之烦恼》一样，都是描写不幸的爱情的，但它们的思想意义却有很大的差别。《少年维特之烦恼》表现的是一个时代的烦恼和苦闷。

维特的自杀,是对社会的不满和抗议;《史推拉》和《克拉维哥》却只局限于爱情纠葛之中,避开了个性解放的要求与封建现实之间的矛盾。因此,这两个剧本都缺乏深刻的社会内容。这种不敢面对现实的软弱性,很好地预示了歌德向魏玛时期的转变。

中期创作:魏玛时期(1775—1805)

魏玛最初十年 [1775—1786]

歌德已经闻名德国,慕名来访的人很多。一天,年轻的萨克森—魏玛公爵卡尔·奥古斯特来到法兰克福拜见歌德。公爵对歌德的才华很钦佩并真挚地邀请歌德到魏玛。

魏玛是1741年建立的萨克森-魏玛-艾森纳赫公国的首府。早期的萨克森-魏玛和萨克森-艾森纳赫都是韦廷家族在图林根若干邦国之一。1741年,萨克森-艾森纳赫公爵威廉·亨利去世,萨克森-艾森纳赫绝嗣,并入萨克森-魏玛。这个公国是当时德意志民族神圣罗马帝国的300多个邦国中最小的邦国,面积只有34平方英里(约合55平方公里),人口不过11万(见《歌德传》)。魏玛市更是一个弹丸之地,站在全国唯一的高大建筑物——宫廷的阳台上,就可以俯瞰全国。卡尔·奥古斯特公爵在母亲的摄政下将魏玛建设成文学与艺术的殿堂,这深深地吸引着歌德、席勒、维兰德等著名文学家,魏玛被称为"德国精神的故乡"。

1775年11月7日,歌德在内侍总管封·卡尔布陪同下,到达了魏玛。第二年,就被任命为公国的枢密官顾问,以后又担任了宰相职务。这标志着他脱离"狂飙突进运动",也标志着他用自然形式表达充沛情感的青年时代的结束。

歌德做的第一件事就是要他的密友赫尔德来魏玛,在他的大力推荐下,赫尔德终于在1776年2月来魏玛任教区总监。

1775—1786年,歌德在魏玛期间得到了历史机缘为他提供的政治舞台,有了一试身手的机会。枢密院是公爵领导下的最高权力机关,行使着行政管理和司法方面的职能。歌德主持外交,开发森林和矿山,整顿财务,管理交通,主持军政,办理兵役,兴办学校、剧院等事务。他积极为魏玛公国服务,于1782年被擢升为贵族。

父亲不赞同歌德去魏玛做官,并竭力加以阻挠。歌德不再服从父命,他企图依靠所谓"开明君主"来达到资产阶级改良主义的目的。这和歌德的气质、精力及现实生活都有联系,也是他寻求与现实妥协的一种表现。恩格斯曾对歌德这种有时敌视、反对,有时亲近、迁就德国社会的态度,做过深刻的分析和论述:"在他心中经常进行着天才诗人和法兰克福市议员的谨慎的儿子、可敬的魏玛的枢密顾问之间的斗争,前者厌恶周围环境的鄙俗气,而后者却不得不对这种鄙俗气妥协、迁就。因此,歌德有时非常伟大,有时极为渺小;有时是叛逆的、爱嘲笑的、鄙视世界的天才,有时则是谨小慎微、事事知足、胸襟狭隘的庸人。"

魏玛公爵出于虚荣,很看重文学艺术,对歌德恩宠备至,言听计从。歌德在那里有了舒适的住所,成了宫廷中炙手可热的人物。他孜孜不倦地从事各种工作,有时,他也与年轻放纵的公爵一道打猎,作"即兴"诗,参加宫廷节庆和奇装舞会。他对自己繁忙的工作很满意,他说:"现在我将自己浸溺在事业里,事业的压迫对于一个人的灵魂是有益的。在事情做完后,一个人可以觉得更多的精神上的自由和生活的享受。终日无所事

事,常使人苦闷难堪,最好的秉赋对他也要因此变成尘埃灰垢了。"

在这期间,由于实际工作的需要,歌德对自然科学产生了兴趣,他从歌颂自然转为研究自然。他走进了植物学、气象学、解剖学、光学等领域,做了大量的实验,写了大量的文章,在一些领域里还有他独创的成就。歌德在光学领域里与牛顿较量了一番,他反驳光的折射理论,认为所有的颜色都是由两种原色,即黑色和白色组成的。有一次,歌德赠给黑格尔一个用波希米亚玻璃做成的黄色酒杯,里面镶嵌着黑色丝织品,当阳光照到酒杯上的时候,玻璃就呈现出一种蓝颜色。歌德用这个向黑格尔证明他的颜色学说的正确性。1784年歌德在人类的颅骨旁发现了腭间骨。虽然法国解剖学家维克达齐尔在此之前4年就已经发现,但歌德是在自己不知情的情况下独立完成的。

歌德来到魏玛的最初10年,是歌德创作上的沉默时期,他的文学创作趋于停滞,无数琐碎的政务和浮华的宫廷生活耗费了他的精力,他甚至将计划中的重要文学创作都基本搁置下来,只写了一些诗歌和供宫廷在庆祝活动时演出的剧本。维兰德曾惋惜地说:"假如他不让他自己来到我们这里,他那光彩的智慧,将要如何有更多的成就呢!"这10年,是歌德从"狂飙"转入"古典"主义的过渡时期。"狂飙运动"由于没有明确的政治纲领,这时也低落下去了。歌德开始寻求一种与现实妥协的、比较实际的、冷静的生活态度。歌德在刚到魏玛不久,就认识了老公爵夫人的宫女夏洛特·封·施泰因夫人。她比歌德大7岁,她丈夫追随侍奉公爵,她独守空房。沉静的施泰因夫人虽然不算美丽,却另有一番风韵,她对歌德无微不至的关怀,显出老女性的温柔贤惠,让歌德年轻飞扬的心在现实中冷静下来。歌德深爱施泰因夫人,而她又是比他年长的有夫之妇,两人都有丰富的阅历和人生的经验,因此,他们之间的爱情不像歌德以前同女友之间的爱情那么纯洁、热烈，而是富有理智和冷静。施泰因夫人对歌德的生活和事业都有一定的影响。他们的爱情保持了好几年。他在1776年写了这样一首诗：

你宁静了我腾跃的血，

指正了我狂野迷惑的行程，

在你的安琪儿的臂里，

我碎裂的心胸重新振起。

但是，随着岁月的流逝，歌德终于发现他的天才被庸俗埋没了，他的文学创作几乎停顿。他还要经常花费时间去调解公爵与他夫人之间的纷争。宫廷中的虚伪和角斗也使他感到了厌恶。歌德陷入了苦闷之中。为了摆脱这种境地，在1786年9月他化名菲利普·米勒，悄悄离开魏玛，到他心驰神往的意大利旅行去了。

意大利之行 [1786—1788]

歌德在意大利专心研究自然科学，从事绘画和文学创作，陆续完成了《伊菲格涅亚在陶里斯》和《哀格蒙特》等作品，也写了《托夸多·塔索》和《浮士德》部分章节。

1786年9月6日，歌德到达慕尼黑，这是通往南欧的大门。9月8日晚他越过国境到达布伦纳，踏上了意大利国土。游览意大利，是歌德多年的宿愿，他一路上的心情，就像外出多年的游子盼望着早日到家一样。9月28日他到达世界闻名的水城威尼斯，他异常兴奋地写道："我第一次望见威尼斯，不一会儿就要进入这个奇妙的岛域，这个海狸之国。谢天谢地，对我来说，威尼斯终于不再是一个名词，不再是一个空洞的名字……"

他在威尼斯停留了半月有余，然后游历了威尼斯、佛罗伦萨、那不勒斯以及西西里岛等文化中心，最后直奔罗马，终于在万灵节前两天到达了他朝思暮想、久久向往的罗马城。他的日记中写道："啊！我终于到达了这个世界的大都市。""现在我到了这里，总算一块石头落了地，似乎可以慰我平生了。因为这大概可以说关系到我新的生命。"他甚至称他进入罗马的那天是他的第二个生日。

罗马明媚的风光留住了歌德的脚步，他在罗马住了较长一段时间。

意大利是一个有着古老和繁荣文化的国家，那雄伟壮观的古罗马建筑的遗迹，耸入云天的中世纪的哥特式大教堂，丰富多彩的文艺复兴时期的油画和雕塑，以及当时和谐优雅的古典主义悲剧，都深深地吸引了歌德，令他赞叹不已。他在那里第一次被古代艺术纯朴典雅的风格所打动。

他研究了希腊、罗马的古典艺术，接受了温克尔曼的艺术观点，形成了他的古典主义文艺思想。在和煦的阳光下，他重读荷马古诗，观赏文物古迹，学习绘画。专心研究古代艺术的歌德得出一条结论：艺术应当挖掘人的内心世界，从那里寻找人类的美、善和正义的理想。由此逐渐形成了他以"完美人性"去教育人、去改变现实的观点。他在意大利完成的两个剧本《哀格蒙特》和《伊菲格涅亚在陶里斯》，就体现了他的这种观点。这两个剧本和后来回魏玛后写就的诗剧《托夸多·塔索》，它们起先都是用的散文体，但在最后定本时都改成了无韵诗体，从中也能看出歌德这时的古典主义倾向。

历史剧《哀格蒙特》于1775年开始写作，到1787年6月在罗马定稿，写了12年。它被收集在《歌德著作集》第五卷，于1788年复活节出版。

《哀格蒙特》描写的是16世纪尼德兰人民为了争取宗教信仰自由反抗西班牙的侵略发生的暴动和起义。哀格蒙特（1522—1568）是一个历史人物，他是尼德兰的一个贵族，是尼德兰民族利益的代表者。他同情人民，反对外来侵略者，他襟怀坦荡、豪侠尚义、武艺精通，是深受民众爱戴的抗暴民族英雄。同时，他身为贵族，又害怕暴力革命，极力主张妥协退让，幻想用合法的手段争取自由。他过分相信统治者，认为统治者不可能做卑劣的事情。他告诫群众"好好在家守着，不要在街上聚众滋事"，由此导致了这位自由战士的悲剧，最终掉进敌人的圈套，被西班牙总督阿尔巴公爵杀害。哀格蒙特被捕后，他的妻子克蕾尔欣曾呼吁市民起义，想把丈夫救出来，但没有成功，也服毒自杀了。哀格蒙特和葛兹一样，虽然具有人道主义思想，渴望自由，但却把斗争的目的放在建立一个"开明君主制"的王朝上，不是站在人民一边，而是动摇、活动于人民与皇帝之间，最后只能在妥协中归于灭亡。剧中还有一个人物奥兰斯基，他是哀格蒙特的朋友，主张积极斗争，反对哀格蒙特的妥协态度。但是歌德的立场却明显地倾向于哀格蒙特。这种创作思想上的偏袒，说明魏玛宫廷的生活加强了歌德世界观中的妥协倾向。不过，由于这个剧本的写作开始于1775年，主人公哀格蒙特壮烈牺牲的结局表明它仍然充满了"狂飙突进"时代的叛逆精神，也反映出诗人日渐加深的人道主义思想。因此，《哀格蒙特》可以说是《葛兹·冯·伯利欣根》的姊妹篇。

《伊菲格涅亚在陶里斯》剧本在1787年底完成，1788年6月在《歌德著作集》第三卷中发表。

这个剧本取材于古希腊神话故事。古希腊悲剧家欧里庇得斯曾以这个故事为素材写过一个剧本《伊菲格涅亚在陶洛人里》，但歌德的《伊菲格涅亚在陶里斯》在结尾处做了很大的改动，赋予了其深刻的人道主义内涵。

欧里庇得斯的剧本《伊菲格涅亚在陶洛人里》的故事情节如下：伊菲格涅亚是希腊密刻奈王阿加门农的女儿。阿加门农统率希腊联军远征去攻打特洛亚时，在海上遇上了大风，为求神保佑全军安全，阿加门农许愿将女儿带到狩猎女神狄安娜前献祭。女神可怜伊菲格涅亚，将她救了出来，驾云将她带到陶里斯岛，让她做了岛上神庙的女祭司。正当阿加门农围攻特洛亚的时候，他的妻子与情夫同居了；阿加门农征服了特洛亚，班师回国。阿加门农一回到家就被其妻和姘夫杀害。他的儿子奥得斯特得知后，为了给父亲报仇，杀死了母亲，于是犯下了弑母的大罪，因而被四个复仇女神追捕。根据阿波罗神的神谕，只要他到陶里斯岛上把狩猎女神狄安娜的神像盗出带回希腊就能免除复仇女神的追捕。奥得斯特便和他的一个朋友同去该岛神庙。他们一上岛就被岛上的居民捉住了。陶里斯岛上有一个惯例：凡是从海上来该岛的外邦男子，都要送到神庙里杀死献祭。奥得斯特和他的朋友因此也被送进了神庙。女祭司伊菲格涅亚恰好是奥得斯特的姐姐，她不忍心看着弟弟被杀，决心要救出他们。于是，她就对国王托阿斯说，这两个罪人的手已经亵渎了神像，在祭神之前必须先让她领着罪人将神像带到海边去洗干净。国王一直很信任她，便同意了。他们到了海边，就乘上船扬帆而去。这样，伊菲格涅亚既救出了弟弟，也帮助他盗出了狄安娜神像。

这故事在歌德的剧本中，剧情和人物性格都有了改变。伊菲格涅亚是人类真善美的化身。

伊菲格涅亚来到这远离家乡的陶里斯岛上时，岛上还保留着原始的杀人祭神的野蛮风俗，她所接触到的也都是些没有开化的野人。伊菲格涅亚是一个品格高尚的女子，在这荒岛上，她竭力以自身为榜样来做教化工作，促使国王废除了杀人祭神的恶俗。不久，王子在一次战争中不幸战死了，岛上的居民声言，这是由于废除了古俗，触犯了神明造成的。同时，王子死后，王位的继承问题也没了着落。于是，国王便向伊菲格涅亚提出要她做他的妻子，否则就要恢复旧俗。伊菲格涅亚对国王说，自己是女祭司，已经把自己许给了神了，不能够再与凡人结婚。她还说，她的种族是有罪孽的，要是他和她结了婚，国王及他的国家就会受到神的惩罚。国王也没有办法，就把旧俗恢复了，让她去把刚刚捉到的两个人献杀，这就是来盗神像的奥得斯特和他的朋友。奥得斯特见到她后，将自己来岛上的原委告诉了她。伊菲格涅亚也向他说出了自己的身份。奥得斯特听了很惊慌，认为姐姐是一定不会饶恕他的。但伊菲格涅亚对他说，只要他能够悔过自新，她就祈祷上苍宽恕他。她去到国王那里，讲出事情的全部真相，她同国王辩之以理，以坦诚高贵的人格和纯真的感情感化了这个野蛮的国王，消释了一切疑团，平息了他心中的怒气，并再三请求他的宽宥。国王被她的诚实正直所感动，说："好，去吧！""祝你们安好！"他们三人就返回故乡去了。

在欧里庇得斯的剧本里，国王十分凶残，伊菲格涅亚是靠智慧和计谋逃出去的；在歌德的剧本中，国王虽野蛮却也有人性，在"完美人性"的化身伊菲格涅亚的感化下，终于变得"宽厚而仁慈"了。这种用"完美人性"来教育人改造社会的思想，就是当时歌德的政治主张。剧本是用严格的古典主义形式写的。《伊菲格涅亚在陶里斯》与莱辛的《智者纳旦》、席勒的《唐·卡罗斯》被称为宣扬人道主义的三部杰作。和《哀格蒙特》比较起来，这部作品中妥协的主题表现得更清晰了。但伊菲格涅亚最后还是离开了那野蛮的国土，这也反映了歌德自己在魏玛宫廷的感受以及悄然离去的心情。

歌德在这个时期的第三部作品《托夸多·塔索》，开始创作于去意大利之前，改于意大利旅游之中，完成于返回魏玛之后。虽是在回魏玛后完成的，但在意大利时就已基本定型了。歌德在意大利期间改写了《托夸多·塔索》部分章节，创作了《浮士德》《魔女之厨》《林窟》等场。

歌德还是一位画家，更准确地说，是一位有相当造诣的画家。在罗马，歌德生活在一群青年画家中间，他专注地学习绘画、写生和临摹。在绘画艺术上，他热情地进行实践，绘画达2700幅之多，这其中绝大多数是风景画，也包括他进行科学研究时所绘下的画图以及他对人体进行的临摹等。

歌德的天性极其活跃，他的求知欲非常旺盛。他探索知识的精神触角伸向人类知识的各个领域，运用各种方式和手段认识外部世界。他的智慧、他的勤奋，他那深邃的目光、敏锐的感觉，使他在不同领域里，特别是在文学创作上都做出了巨大的贡献。的确，当时像歌德这样对文学艺术和科学的许多领域都有广泛的兴趣，并致力研究的人，还微乎其微，于是，歌德便以博学多才而遐迩闻名了。

歌德于1788年3月17日收到了赫尔德催他返国的信。1788年4月25日，歌德痛苦地离开了罗马，带着他在这期间画的近千幅画，经由瑞士，于6月回到魏玛。

歌德在意大利旅居了一年零九个月。他的创作激情在这里复苏，不虚此行，他完成了两个剧本。而更重要的收获是精神方面的。他转变了自己的人生观、世界观和艺术观。他从"狂飙突进"诗人变成一个推崇古希腊、罗马艺术的完美与和谐的诗人。"革命"的锐气削弱了，但艺术更成熟了。他又将以诗人的身份出现在魏玛了。

再回魏玛 \ 法国大革命 \ 与席勒合作 [1788—1805]

1788年6月18日，歌德回到了魏玛。从晴朗的南国回到阴沉的北国，从梦中回到现实，歌德心中的感触是很多的。周围鄙陋的环境和趋炎附势的人群使他越来越感到孤独，他辞去了行政职务，致力于文艺创作和科学研究，并监管矿山。1791年，公爵的宫廷剧院落成，歌德当了经理，从此他领导魏玛宫廷剧院达27年之久。

1788年7月12日，歌德在伊尔姆河畔魏玛公园里散步，迎面走来一个少女，向他提交一份她哥哥的工作申请书。这个少女名字是克里斯蒂安娜·符尔皮乌斯（1765—1816），23岁，是绢花厂的女工。

已进入人生第40个年头的歌德，遇见了出身低微但容貌十分动人的年轻热情的姑娘，两人一见钟情。两天之后，歌德就和她在花园小屋同居了。歌德称她是一朵"小野花"。这朵"小野花"遭到上流社会的白眼，但却深得歌德的心。她是一个热情的、善解人意的女人，能满足歌德的欲求，她喜欢跳舞和郊游，也常去看戏。这都与歌德的天性合拍。她深知，自己的出身门第和文化水平与歌德"不平等"。因此，她安心做一名家庭妇女、贤妻良母。而歌德此时已功成名就，他不希求妻子在事业上帮助他，而是需要一位贤内助。他们结合后的第二年圣诞节，喜得贵子，取名奥古斯特。

1806年，歌德与符尔皮乌斯正式结婚。符尔皮乌斯从未给予歌德的思想以任何影响，她默默无闻地生活在歌德的身边，但她的勤勉体贴，使歌德得到了他很需要的家庭温暖。可惜她1816年就死了，给歌德留下一个儿子和许多悲哀。

诗剧《托夸多·塔索》是歌德重返魏玛后完成的一部主要作品。

托尔夸·塔索（1544—1595）是意大利文艺复兴后期的著名诗人，他曾受到费拉拉公爵的赏识，在费拉拉公爵的宫廷中服务多年，但宫廷生活却使他感到苦闷。他的叙事诗《被解放的耶路撒冷》闪烁着意大利文艺复兴时期最后的光芒。据说他爱上了费拉拉公爵的妹妹，被公爵发现而被关进牢房达7年之久。生活中的巨大挫折使他的神经错乱了，出狱后他四处游荡，最后在罗马死去。

歌德刚到魏玛，就有了创作《托夸多·塔索》的念头。1780年秋，他写了两幕。他去意大利时带着这份草稿，只是没有时间完成。他在费拉拉寻访过塔索被监禁处的遗址，又在罗马参观了圣俄诺弗里俄修道院里的塔索墓，还搜集到新的传记和材料。因此，他决定放弃草稿，另起炉灶。歌德回到魏玛就开始了这项工作。歌德把自己与塔索做了对比，心境的相通使他用了多年的时间来写剧本《托夸多·塔索》，终于在1789年完成了诗剧《托夸多·塔索》的创作。

歌德剧本中的塔索热情直率，是一个有艺术才能的诗人。他爱上了费拉拉公爵阿尔放梭的妹妹丽娥罗娜公主，引起公爵对他的不满，想把他赶出宫廷。1575年4月，在费拉拉郊外公爵的夏宫，塔索把他刚写好的史诗《被解放的耶路撒冷》献给公爵。公主亲自编好月桂给他戴在头上。这时，宫廷首相安东尼正好从罗马回来。他亲眼看到塔索得此殊荣，心怀嫉妒。塔索与安东尼的冲突是戏剧矛盾的中心。安东尼老奸巨猾，他看不起塔索，利用诗人容易冲动的感情多方作弄他，逼得他几乎发狂。塔索气愤之极，拔剑欲与之决斗。公爵将他斥退，令人将其软禁。塔索不解其意，将剑和桂冠交还公爵。公爵旋即派安东尼向他宣布赦令。公爵夫人和公主建议他去佛罗伦萨，塔索在告别时失去自制力，竟去拥抱公主，向公主表白爱情。公主大惊逃走。公爵便命人将塔索拘禁。塔索后来感到自己所要求的根本没有得到的可能，就克制住自己内心的真实，投降了敌人和封建礼教。他最后对安东尼说："现在我伸出我的手臂依附着你！就像翻了的船最后依附着那船身所撞的石礁一样。"塔索看到公爵与公主不再理会他，他深感失望。从此精神失常直至死去。

许多研究家推论，塔索就是歌德自己的写照。费拉拉宫廷相当于魏玛宫廷，阿尔放梭公爵影射卡尔·奥古斯特公爵，丽娥罗娜公主就是施泰因夫人，等等。歌德通过《托夸多·塔索》表现了人到中年时自己的烦恼。法国批评家安培尔把《托夸多·塔索》称之为"提高了的维特"。少年维特只是因为恋爱而烦恼，而中年塔索却是因为政治环境不如意，痛苦地倾诉着满腔的烦恼。

《托夸多·塔索》是歌德的创作思想挣扎的最鲜明的标志。这个剧本几经更改，在这长达八九年的时间里，在一再易稿的过程中，歌德将自己的思想感情注入了作品。塔索的不幸遭遇，是歌德魏玛生活的写照。塔索由一个具有"维特式"的热情和反抗精神的人，演变为投降者，正反映出歌德思想上由反抗趋于自我克制直至妥协的过程。歌德说："这个剧本是我骨中之骨，我肉中之肉。"

1789年，攻陷巴士底狱的炮声响了——震撼整个欧洲的法国大革命爆发了。法国大革命的旋风席卷整个欧洲大陆，资产阶级"自由、平等、博爱"的口号传遍了欧洲各国，德国的进步知识分子思想为之振奋。在德国境内，相继出现了俱乐部、"自由树"以及许多歌颂大革命的诗文。"这是一次灿烂辉煌的日出。"黑格尔这样说道，虽然他的住所在法军占领萨克森时，被抢劫得片纸不存。

但是，欧洲封建势力是害怕革命的，他们企图扑灭革命的烈火。欧洲各国君主与法国路易十六国王勾结，他们结成了反法联盟。德意志各小邦国也倾向于反法联盟，萨克森公国作为普鲁士的盟国，参加了对法战争。1791年8月，奥地利和普鲁士签订了军事同盟，次年4月对法宣战。7月6日，奥普联军越过国境，侵入法国境内。

歌德作为公爵负责外交事务的随员奔向了法国。在途中，他经过法兰克福时见了分别13年的老母亲。这时,他父亲已经病故10年了。

歌德研究自然科学,形成了自然进化论,他不承认质的飞跃和突变。他把自然进化学说运用于社会,不主张暴力,反对革命,认为人类社会变革也应通过进化来完成。虽然他对波旁王朝不寄予希望,但对法国大革命也报以消极态度,他对普鲁士和奥地利组织的联军进攻法国也不热心。当赫尔德和席勒为法国大革命欢呼和赞美时,歌德只是画一棵自由树表示了一下心情。

为保卫大革命的胜利果实,整个法国都动员起来了,拿着武器的人们唱着《马赛曲》奔赴前线。9月20日,在瓦尔米村附近,奥普联军被克勒曼将军率领的士气旺盛的法国军队打败。当晚,歌德对身边的军官们说了这样一句话:"从此时此地起,世界历史即将开始一个新的时代。"两天后,奥普联军狼狈地撤出了法国。以后,他还为此专门写了一本随军杂记《法兰西战役》。

1799年的雾月十八政变后,拿破仑成为法兰西共和国的第一执政官。1804年2月,当上了法兰西皇帝。拿破仑是一个具有军事天才的将领,他指挥法军一次又一次击败了欧洲反法联盟,把法国革命的思想传播到他所占领的地方。

歌德对法国大革命这一伟大历史事件的态度十分矛盾。他写了几部政治剧,都是直接或间接攻击革命,但他又说:随着法国大革命,开始了世界历史上的一个新时期。

法国大革命后,歌德越来越孤独。这时,席勒进入了歌德的视线,他们很快成了生死之交的朋友。歌德与席勒的思想观点并不完全一致,歌德研究自然科学,注重实际;席勒研究哲学和历史,喜欢抽象思维。但他们都信奉人道主义,认为人应该是完整的、和谐的、全面发展的。他们都认为艺术是恬静、清晰、优雅、和谐的，美是艺术的最高原则。他们把古希腊人看作理想的人，把古希腊艺术看作艺术的典范。在共同认识的指引下，他们各自写出了一系列重要的作品。对歌德来说，与席勒合作的十年是他创作的第二个高峰。其中最大的收获是完成了诗剧《浮士德》第一部。

1759年11月10日，弗里德里希·席勒出生在德国西南部的一个小镇马尔巴哈，他比歌德小10岁。少年席勒在符腾堡公爵卡尔·欧根办的军事学校里读书。1779年12月，歌德陪同卡尔·奥古斯特公爵去瑞士时，途经斯图加特，顺道访问了这所学校。席勒站在欢迎的队列里。两年后，席勒写的剧本《强盗》，在曼海姆上演后获得极大的成功，席勒也因此一鸣惊人。又过两年，他的另一部剧作《阴谋与爱情》问世，演出轰动了整个德国剧坛。

1787年7月21日，席勒来到魏玛，当时歌德还在意大利旅行。次年9月，两位诗人在一个星期日见了面。席勒后来写信给寇尔纳谈到这次会见时对歌德的印象："他给我留下的第一个印象大大地冲淡了人们灌输给我的有关这位迷人而又漂亮的、那些提高了的看法。歌德中等身材，步态和动作都显得拘泥，面孔看上去也挺古板。只是那双眼睛显得非常灵活，非常富于表情。看着它们，会让人们感到非常和善……我们很快就熟悉了，没有一点儿拘束。周围的人实在太多，所有的人因为都想和他接近而相互妒嫉，结果弄得我没能长时间和他单独在一起，谈话所涉及的也只是最一般性的题目……我觉得，他已经远远地离开了我，我们已经注定不会再在途中相遇……他所生活其中的那个世界不是属于我的，他对周围一切的看法明显地和我存在着本质性的区别……"（转引自艾米尔·路德维希：《歌德传》，第309页）

这一面产生的友谊非常有限，当时席勒离歌德住处近在咫尺，但是两人交往不多。

席勒在魏玛没有工作，一直靠写稿的稿费度日。他去找歌德帮忙，歌德为席勒在耶拿大学谋到了史学教授的职位。对席勒来说，这一职位的获得是十分重要的，在此之前，席勒的生活一直没有保障，有时还有负债入狱的危险。稳定的收入使席勒有了成家的可能，他在1790年结了婚。

1794年5月，歌德到耶拿听一个科学演讲。会后，他偶然与席勒同路，席勒对演讲人割裂自然的研究方法很不赞同，歌德也有同感，两人便畅谈起来。到了席勒家门口，话还未尽，他们索性走进去又谈了一会儿。在这一次坦诚相见之后，他们形成了一个磁石的两极，虽然异质，但相互吸引，而不是相互排斥。歌德承认，"席勒的吸引力是巨大的，凡是靠近他的人，都摆脱不了他的控制"。一个星期后，他们俩在耶拿再次长谈，不过这次谈的是艺术理论问题，他们发现，两人虽然观点有所不同，但主要思想却是惊人的一致。

1794年，席勒给歌德写信邀请他合办繁荣民族文化的刊物，歌德立即回信，从此他们开始了文学创作上的合作。

这一年的8月23日，席勒写了一封评价歌德创作道路的长信给歌德。这封信既剖析了自己，也剖析了歌德的思想和性格。歌德看过信后非常高兴，感到还从来没有一个人对自己做出过正确的评价。他非常钦佩席勒的洞察力。

歌德在复信中说："在这个星期我过生日的时候，我所收到的礼物没有比你的来信更令人愉快的了。你以友谊的手总结了我的生活，你的同情鼓励我更加勤勉地运用我的全部才力。"并且表示"从我们那次意外的会晤之后，我们似乎可以终生共同前进了"。席勒也在即刻做出的复信中说出了同样的话:"像我们两人所走的那样不同的道路,不过早,而恰恰是现在引聚到一块,是有益处的。我现在希望,我们能共同走向我们未走完的路。"

事实正如他们所愿,他们密切合作,共同创办杂志《时代女神》(1795),宣传文学主张,用古典美来教育感化人民,以达到实现理想社会的目的。他们两人还合写《赠词》达400余首,以警句、格言、讽刺等形式抨击庸俗鄙陋的现实。他们共同走过了10年的创作道路。这期间,席勒写了一系列美学著作,叙事谣曲,并完成了《华伦斯坦三部曲》《奥尔良的姑娘》《威廉·退尔》等剧本。歌德也写出了长篇小说《威廉·麦斯特的学习时代》、诗剧《浮士德》第一部。其中史诗《赫尔曼与窦绿苔》(1797)是歌德与席勒结交后写就的有重大意义的作品。席勒盛赞这部叙事诗是整个当代艺术的最高峰。

《赫尔曼与窦绿苔》长诗叙述了法国大革命时期德国一个小镇上发生的故事。法国军队打败普奥联军后,进驻莱茵河地区。难民纷纷从河西岸逃到河东岸。金狮旅店店主及其妻子主动救助难民,店主儿子赫尔曼爱上了难民中的一个美丽姑娘窦绿苔。而窦绿苔已订婚,未婚夫去法国参加大革命不幸阵亡。赫尔曼的父母起初不同意儿子娶一个流浪的贫穷女子。这时,牧师建议将女子带来看看。赫尔曼的父母一见这女子长得如花似玉,稳重端庄,暗中欢喜,改变了初衷。由此发生了一个家境宽裕的青年与莱茵河对岸逃难过来的姑娘的爱情故事。

长诗描绘了战争给人民带来的灾难:整个城像一座荒坟,逃难者悲惨地四处奔走,妇女和小孩、老者和病人的现状不忍目睹。同时,作者又把德国小镇人们的庸俗生活加以诗化,颂扬赫尔曼一家安分守己生活的恬静,过着幸福的田园生活,反衬革命战争的残酷和不人道。这首诗用原始牧歌和田园诗的形式写成，景物描绘自然、生动，融汇了风情画的韵味，体现了小市民追求的恬静生活与作者本人怡然自得的情绪，有强烈的抒情性和浓郁的诗意。歌德创作这首长诗，表现出一个德国小城市中的纯人性的存在，力图从这样一面小镜子里去反映世界舞台上的伟大运动和变化，也表现出歌德向往田园牧歌式生活的倾向，体现歌德这一时期的思想特征。这10年，在德国文学史上被称为古典主义时期。歌德与席勒的密切合作，使小小的魏玛成为当时德国古典文学运动的中心。这时候，席勒患了肺病，他身体虚弱，几经卧床，生活上也不宽裕，窘困的情况一再出现。写完《威廉·退尔》后，席勒又病倒了。1804年夏天，他曾写信给寇尔纳，希望自己能活到50岁。但是天不从人愿，随着寒冬到来，他的病情日趋严重。1805年4月30日晚，歌德去席勒家看望他。席勒要去剧院，歌德劝阻未成，便带着忧虑的心情，在席勒家门口告别。谁知这一别竟成永诀。

1805年5月9日下午3时，席勒的心脏停止了跳动，穷困和劳累终于夺去了席勒的生命。这时，歌德也正病着，没有人敢把噩耗告诉他，但他从周围人的脸上看出了一切，便问克里斯蒂安娜："席勒昨天病得很厉害，对吗？"她没有回答。歌德斩钉截铁地问道："他死了？"她答道："您自己已经说出来了！"他再次说："他死了。"他用手捂住脸，泪水顺着手流了下来。当他稍好一些时，他提笔写下了最沉痛的悼念席勒的诗文。

三个星期之后，他写信给朋友道："我原以为我自己完了，现在失去了一位朋友，这等于失去我生命的一半。"待歌德病愈之后，他于当年8月10日在劳赫施泰特举行席勒追悼会，为席勒的《大钟歌》做了跋，写道：

　　那些只属于他自己的思考，
　　早已在全体之中扩展蔓延。
　　他照耀我们，就像消逝的彗星，

以自己的光结合永久的光明。

歌德给席勒提供了演出他的剧作的舞台，席勒也给歌德的作品提供了发表的机会。两位大师的合作是"诚挚和友爱的结合"，在文学史上写下了一段亲密合作的佳话。晚年歌德说："席勒的性格和气质与我完全相反，我同他一起生活了好些年，我们相互的影响达到这种程度，就在我们意见不一致的时候，也互相了解。然后每人都坚持自己的人格，一直到我们又共同为某种思想和行动联合起来。"（转引自董问樵：《席勒》，第53页，复旦大学出版社，1984）

歌德于1828—1829年编印了他同席勒的通信集，收录了1050封信。这本通信集反映了他们两人的世界观和人生观，是他们生活时代的一面镜子，也是诚挚和友爱的体现。

在魏玛宫廷剧院门前，矗立着并肩而立的歌德和席勒的塑像，它表明了歌德与席勒之间的真挚友谊和他们共同为德国文学艺术做出的贡献。

晚年创作：创作高峰期（1805—1832）

歌德 \ 拿破仑 \ 贝多芬 [1805—1814]

席勒逝世以后的10年，是拿破仑占领德国和德国人民反抗拿破仑统治时期。这期间歌德的创作处于低潮。

在魏玛，法军轻易就占领了这座没有设防的城市。拿破仑来到魏玛，只见到枢密顾问沃伊克特和沃尔措根。歌德借口身体不适，未参加谒见。

拿破仑看公爵不在，只有公爵夫人路易斯留守魏玛，大怒，要消灭魏玛公国。多亏公爵夫人多方周旋，说她丈夫因系普鲁士国王姻亲，不得不尽义务参战，加之俄国沙皇说情，拿破仑才息怒。他提出的条件是：卡尔·奥古斯特不得参加普鲁士军务，向法国交纳高达22万法郎的军费。12月15日魏玛公国与法国在波森缔结和约。魏玛公国加入莱茵联盟。

1806年7月12日，拿破仑把德国西部和南部16个中、小德意志邦组成莱茵联盟。参加同盟各邦均宣布脱离神圣罗马帝国，支持拿破仑战争。1806年8月1日，神圣罗马帝国议会宣布自行解散，8月6日，奥地利皇帝弗朗茨二世根据拿破仑的要求，宣布放弃神圣罗马帝国皇帝的称号，从此，始建于公元962年的神圣罗马帝国寿终正寝。拿破仑的势力延伸到了易北河。他摧毁统治区的封建制度，建立新的行政机构、法律制度、社会生活和经济体制。原有的人身关系、等级制度、贵族和僧侣的特权被取消，宣扬的是资产阶级的自由、平等和博爱。这自然受到了被压迫民众的欢迎，同时也激发起被占领地区人民的民族感情。许多德国作家，如寇尔纳、莫里茨、艾辛多夫等参加了反拿破仑战争。拿破仑既是压迫人民的太上皇，也是摧毁封建制度的革命者。

歌德始终没有给拿破仑的名字加上"伟大的"这个形容词，像黑格尔和后来的海涅一样，但他仍要算在那些推崇拿破仑的人物之列，拿破仑也很尊崇歌德。

1808年9月，拿破仑来到离魏玛不远的埃尔富特城，与俄国皇帝亚历山大举行会谈。当时，几乎整个欧洲大陆都掌握在拿破仑手里。1806年秋，由于普鲁士被轻而易举地彻底击溃，因而德意志更是拜倒在拿破仑脚下；诸小国的君主甚至以能吻一下法国皇帝的手为荣幸。

1808年10月2日，歌德陪公爵来到埃尔富特。拿破仑在埃尔富特召见歌德。歌德走进了拿破仑的行宫。于是，在这两个巨人之间，开始了平等而自如的交谈。拿破仑说自己读了7遍《少年维特之烦恼》，并加以称赞。但是，拿破仑认为维特自杀的动机不仅出于无望的爱情，而且出于病态的虚荣心受到的伤害。拿破仑的称赞，使歌德很高兴并显出愉快的神情，他表示接受拿破仑的意见。最后，拿破仑邀请歌德访问巴黎，并希望他写关于恺撒之死的作品。

会见持续了一个多小时，接见自始至终是亲切的。目睹过拿破仑对普鲁士国王弗里德里希·威廉三世的鄙夷态度的人，一定知道，歌德在这个跺一下脚就能使欧洲大陆发抖的人的心目中，还是有地位的。

歌德以后对拿破仑并不十分关注，他对拿破仑入侵以及反拿破仑解放战争的态度充满矛盾，他对四分五裂的德国现实感到痛苦，他爱的是整个德意志民族和整个德国。而拿破仑从客观上起到了摧毁封建势力的作用，但是拿破仑的军队侵占了德国，也没有给德国人民带来自由。

1809年，歌德完成了长篇小说《亲和力》。这部小说描写的是一部爱情悲剧。爱德华与夏绿蒂是一对夫妇，他们邀请两位客人到家中，结果，两人都坠入了新的情网。爱德华爱上了妻子的侄女奥底丽，夏绿蒂爱上了丈夫的一个朋友。后来奥底丽受良心的谴责自杀了，不久爱德华也死了。爱德华的尸体与奥底丽的尸体葬在一起，两人都是抑郁而死；女主人与男客相爱，理智地克制自己，不幸地活着。《亲和力》以化学名词为题，象征地描述社会关系与社会关系中的矛盾。小说的内涵丰富深刻，它批判了资产阶级的婚姻制度，探讨了人生的局限——在恋爱婚姻问题上的宿命色彩。

书名意在强调婚姻与爱情的矛盾和由此造成的无法避免的悲剧。作者肯定和颂扬了爱德华那种既蔑视当时的婚姻制度也敢于抗拒命运的人。作品表现出冷静的叙述描写和理性的思辨,从婚姻是一切文化的开端和顶点的观点出发,通过表现当时资产阶级社会道德与情感的冲突和婚姻危机,反映了世纪交替时期德国社会"文化"的变化。小说在情节和形式上都表现出浪漫主义倾向。歌德曾经说"至少要读三遍",才能看清他藏在《亲和力》中的许多东西。

这10年来,歌德主要倾向于文学创作,他阅读了德国中世纪的作品,对阿拉伯和波斯文化产生了浓厚的兴趣,大大扩大了他的眼界。

1812年7月,歌德随魏玛公爵来到捷克的疗养地泰普里茨。这里聚集了当时德意志和奥地利的王公贵族们。他们以养病为名来到这里召开反对拿破仑的秘密会议。闻名世界的德国作曲家贝多芬正在这里疗养,他患了严重的耳部疾病。

歌德曾在法兰克福看过神童莫扎特的演出,也看过8岁的贝多芬于1778年3月26日在科隆举行的他的第一场音乐会,小贝多芬的演出获得巨大的成功,轰动了德国,轰动了波恩宫廷,被人们称为第二个莫扎特。歌德对此印象很深刻。

贝多芬比歌德小21岁,可以说是两代人。贝多芬从小就崇拜歌德,敬仰歌德,欣赏青年歌德的充满叛逆精神的作品,他从歌德的伟大诗篇里受到鼓舞。他谱写了歌德的《迷娘曲》。1810年他创作了《哀格蒙特》序曲,并渴望着与歌德交流。贝多芬通过朋友转达自己对歌德的敬意,之后,他们俩直接通信了。

贝多芬在给歌德的信中表达了自己发自肺腑的景仰之情:"我只能怀着最崇高的敬意,怀着我对您的绝妙的著作的那种难以形容的深挚的感情来接近您。"1811年4月12日,贝多芬给歌德的信中谈到《哀格蒙特》时写道:"当我读到这部奇妙的《哀格蒙特》时,激起的热情使我重新思索、感受并把它谱成音乐。我非常希望知道您的意见,即使是责备,那对我和我的艺术也会是有益的,我会像得到巨大的赞赏那样接受它。"同年6月25日,歌德回信对贝多芬表示感谢。信中说,若能在魏玛看到这部谱成音乐的悲剧,一定会给自己以及我们这里的您的许多崇拜者莫大的愉快。同年夏天,贝多芬来到泰普里茨疗养院治疗耳疾,并想在这里遇见他崇敬的诗人,结果落空了。

于是,在1812年夏天,贝多芬听说歌德将要在7月陪同皇室到泰普里茨疗养院,就决定再次去那里疗养。贝多芬从维也纳出发,经过布拉格,于7月5日到达泰普里茨,住在"橡树"旅馆里。两周后,他在房间里终于等到了歌德的到来。

歌德先请女仆递进自己的名片。贝多芬立即朝门口迎了上去。

歌德说:"我十分高兴与您结识。"接着歌德对贝多芬为自己的诗作谱写的歌曲和《哀格蒙特》序曲表示衷心的感谢。

歌德关切地询问贝多芬的耳部病情。贝多芬说:"感谢上帝,耳疾对我的创作没有影响。我对音乐的想象依然是那样纯粹和清晰。"

接着贝多芬坐到钢琴前弹起《哀格蒙特》序曲,认真听取歌德对他谱的乐曲的看法。

歌德听完后说:"这多么动人啊!"惊叹地称贝多芬为魔术师。

这次初会,贝多芬是如愿以偿了,他感到结识歌德是自己的光荣和骄傲。但同时也深深地失望。他对歌德的拘泥礼节、不流露感情的上流人物作派不予赞同。贝多芬被维也纳宫廷指责为一个相当激烈的共和主义者。他同封建势力作对,对自由和斗争充满热情、信心。歌德对贝多芬可能不了解或许了解却不愿意说出来。有一天,歌德和贝多芬正在并肩散步。这时一群宫廷的王公贵人陪着皇后,前呼后拥地迎面走来。贝多芬仍旧径直地走自己的路。歌德见了，毕恭毕敬地退到一边，摘下帽子，向贵族们行礼。这个举动使得刚正不阿的贝多芬很恼火，他等了歌德好一会儿，对他说："我在等您，这是因为我尊重您。您理应得到尊敬。但是对那些人，您过分抬举他们了。"贝多芬大摇大摆地走。而那些认识贝多芬的人，都很客气地给他让路并向他致意。

1812年8月9日，贝多芬给出版商布莱特科普夫和赫特尔的信中写道："歌德太热衷于宫廷气氛，与一个诗人身份很不相称。"1812年9月2日，歌德写信给泽尔特：贝多芬的"才能使我感到惊异。只是可惜他是一个完全桀骜不驯的人，虽然他认为世界令人憎恶不无道理，但是因此他必然使自己和别人都不愉快了。"

在对拿破仑的态度上，歌德与贝多芬也有分歧。歌德视拿破仑为伟大的天才，因拿破仑轻易就占领了德国，扫除了德国根深蒂固的封建势力，传播了资产阶级的民主和自由，但他也有被压抑的民族感情。拿破仑赞扬他的《少年维特之烦恼》并要他写一部恺撒之死的戏剧，这也使他有些受宠若惊。而贝多芬有着强烈的捍卫民族和祖国尊严的立场，要求民族自由，反对外来侵略。在他的眼中，拿破仑不是什么伟人，而是自私自利的小人、侵略者。

歌德政治上的谨小慎微，看重烦琐的礼节和甘于融合现实的态度和做法，令贝多芬不悦。经过在泰普里茨这一阶段的交往，两位巨人彼此有了近距离的了解。基于各自的理想和信念不同，他们的友谊不仅没有持续和发展，反而比先前更为疏远了。双方都对这阶段的会面和交往感到失望，从此他们之间只是形式上的相互尊重和敬佩，再就没有书信往来了。

歌德与现实妥协还表现在1798年著名哲学家费希特教授被耶拿大学辞退一事上。原因仅仅是费希特教授不信上帝。歌德也是不信上帝的，这可以从一件小事中看出来：哲学家黑格尔六十大寿时，他的学生们为他设计制作了纪念章，纪念章的背面是一幅象征画，中间是守护神。右边是一个女子，手里拿着十字架；左边是一个正在读书的老学者，头上有一只象征智慧的猫头鹰。歌德对纪念章上哲学家与十字架一同出现非常反感。他说，"福音书中有许多不是根据直接的见闻和经验而是以后根据口传写成的"。恩格斯也曾指出，歌德不爱谈"上帝"。可是，歌德对于费希特被逐之事，却保持沉默，甚至还为费希特的与现实格格不入表示惋惜。

歌德在文学上取得了巨大成就，成为叱咤风云的诗人，在现实生活中，他不愿介入政治和党派之争。他说"诗人一想做政治的活动，就不得不入党派；一入党派就不符实诗人了，因为不得不与自由的精神和旷达的见解辞别而用狭量和盲目的嫌恶的帽子遮掩耳朵了"，他认为"政治会把诗人侵蚀，成为阶级的一分子，在骚扰轧轹之中过日子，这不是合于精细的诗人的性质的事务"。

也许正因为歌德这种与现实能够融合的特点，他才没有像他周围的哲学界和文学艺术界的许多伟大人物那样，一生被穷困所迫。他在舒适富贵的宫廷生活里安度了晚年。当然，他帮助了许多困境中的朋友，黑格尔和席勒都由于他的帮助才得到教授的地位，还有许多诸如此类的事。

歌德的创作高峰 [1814—1832]

歌德的晚年是在辛勤的创作中度过的。

拿破仑失败后，俄国、奥地利和普鲁士组成神圣同盟，封建势力在欧洲复辟，德国人民不仅没有获得自由，反而思想上更加被禁锢。这时，歌德把目光转向了世界，他看到了科学技术的突飞猛进，看到了东方文明古国的辉煌的文化。他对东方文学发生了兴趣。随着全欧性革命高潮的到来，工人运动的兴起，空想社会主义思潮的传播，他世界观中的积极因素有所增长。他不断地接受新思想，研究新事物，再一次激活了他艺术创作的生命。他预言将要出现一个超越国界的"世界文学"，声称自己是世界公民，他觉得人类的前途充满光明。他恢复了创作的青春，出现了第三次创作高峰。1814—1832年，他完成了他一生中所有的重要创作，登上了艺术成就的顶峰。

歌德通过研究阿拉伯、波斯、印度、中国的文学和哲学，从古老的东方文学中汲取了营养，于1819年发表了抒情诗集《西东诗集》。

1829年，歌德完成了小说《威廉·麦斯特的漫游时代》，这是1796年写成的《威廉·麦斯特的学习时代》的续集。"威廉·麦斯特"系列分为《威廉·麦斯特的学习时代》和《威廉·麦斯特的漫游时代》两部小说，用了50年时间才写成。从书名上看，两部作品应是紧密联系、贯穿一致的。但实际上它们在内容上却没有太多的连续性，都反映了歌德时代广阔的现实生活。歌德把他一生的经验、认识和理想都倾注在这部巨著里。小说要求"活动"、赞美"劳动"、推崇"创造"的思想，是积极向上的。

《威廉·麦斯特的学习时代》是一部风靡整个德国的成长类小说，是德国成长小说的巅峰之作。它描写了一个青年的成长历程，包括内心的发展和道德的完善过程，在文学史上被称为教育小说或发展小说。主人公威廉·麦斯特是商人之子，从小就热爱文学艺术，很喜欢看戏。他满怀理想，是个浑身充满朝气的热血青年，他不满平庸的市民生活，鄙视市民阶层的唯利是图，想要摆脱狭隘的环境，向往广阔天地和更高理想的追求，他寄希望通过戏剧艺术和美育来改造社会。小说描述了他的不满情绪和摆脱小市民的狭隘圈子的思想，走向充满活力和理想世界的过程。青年时代的他爱上了女演员马利亚娜，两人同居有了一个孩子，他们共同憧憬美好的未来。后来由于发生误会,威廉怀疑马利亚娜对自己不忠实而离开了她。这爱情的波折对他精神上是一个重大的打击。他加入了一个流动剧团,到处演出。但混沌污浊的戏剧界,令他的奋斗陷入迷惘。威廉四处漂泊,接触种种世态。他内心敏感、善良,他把孤苦的小姑娘迷娘从被虐待中拯救出来,又把浪迹天涯的竖琴老人收留下来,还同情着被遗弃而忧郁致死的奥勒丽。威廉目睹了人间的不幸,最终结识了由开明贵族组成的高尚团体,参加了罗塔利奥及其朋友们组织的秘密团体,找到了失散多年的儿子菲利克斯。他从事改良社会和献身人类的工作,成为不断追求人性完善和崇高社会理想的探求者。威廉由最初寻求戏剧艺术,到最终得到了人生艺术。

小说主人公通过不断地克制自己,完善个性,以使自己成为一个所谓完整的人而投身于现实生活。他经历过错误,陷入迷途,最后达到理想的境界。小说主人公以为人类服务为个人奋斗目标,以集体生活、共同劳动、互敬互爱为社会理想,表达了作家对现存社会的否定和对自由、平等的乌托邦社会的梦想。

《威廉·麦斯特的漫游时代》写于1821年,经过1825年的修改和扩展,于1829年脱稿。小说描述的是保证个性协调发展的社会理想和教育主张。歌德写作这部小说时,正是空想社会主义思想广泛传播的年代。和其他空想社会主义者一样,歌德在自己的小说中描绘了他的社会理想。小说结构松散得出奇,是用日记、书信、谈话、观感、格言、诗歌、故事等拼凑而成的。既没有中心主题,没有连贯的情节,也没有中心人物。威廉·麦斯特的出现只起穿针引线的作用。威廉带着儿子菲利克斯开始漫游,认知了现实生活,对人生得出了一个最终结论:实践活动乃是人生的目的。威廉把他的儿子送进了"教育省"。教育省是相当于一个行政省的地区。这完全是歌德创造的一个"理想国"。在那里，孩子们要在学习和品德修养上受到严格的训练，要锻炼身体，要根据自己的喜好掌握一门手工业技术。在这个理想国里，人人是平等的，每个人要处处对己对人都有用处；个人主义受到批判，集体思想得到颂扬。不管个人努力的目标是什么，不管他干什么，他单枪匹马总是没有力量的，合群永远是一切有善良思想的人们的最高需要；劳动受到赞誉，要一生献身劳动多加劲；创造性得到推崇，每一秒钟都应该有所创造。在为整个社会福利而劳动的思想指导下，威廉也认识到，掌握一门手艺，才能为他人造福。为此，威廉选定了外科医生的职业。他学会了医疗技术，成为一名外科医生，为全人类谋福利。最后，他与妻儿团圆，结束漫游。

小说主人公通过不停地探讨理想的社会制度，把人培养成为有益于社会的人，强调个人和集体都必须投入到持续不断的创造性劳动中去。小说更多地运用象征和寓意来表达作者的理想，结构比较松散。

小说也明显地暴露了歌德的某些偏见和弱点。威廉在人生的探索中，偏偏在贵族田庄上找到落脚点。这种以为只有在开明贵族中才能找到自己的理想人物的观点，正是魏玛宫廷生活在歌德身上留下的烙印，也是他认为贵族比市民优越这样一种偏见的反映。歌德一生都在思考着改变现实的道路。小说主人公的生活轨迹，在很大程度上体现了歌德关于这个问题所持的观点。这是幻想在德国现存的政治和社会制度的基础上寻找自己理想的道路，实际这条路是走不通的。

"威廉·麦斯特"系列是歌德小说的代表作。其内容之丰富，规模之巨大，创作时间之长，花费精力之多，都说明它是歌德的作品中仅次于《浮士德》的作品。

同年，歌德还完成了《意大利游记》第三部。

由于友人的要求，歌德还花费许多年的时间写他的自传《诗与真》。1830年完成了《诗与真》第四部。它记叙了歌德从出世起到进入魏玛时为止的一段生活经历，展现了他的世界观的形成过程，其中对当时社会政治和文学方面的各种现象，也有许多评论。

同年还完成了《中德四季晨昏杂咏》组诗。

1831年，世界名著《浮士德》第二部脱稿了，长久努力的目标终于达到了。这使他非常快乐，他对爱克尔曼说："我今后可以把它看作纯粹的赠品了。我将来是否在做什么，都是一样的了。"诗剧《浮士德》的创作贯穿了歌德的全部创作生涯。1773年正式动笔写作，1786年去意大利旅行时在原稿基础上增删修改，1790年以《浮士德片段》为题发表。1808年发表了《浮士德》第一部，而《浮士德》第二部发表于1832年歌德逝世后。《浮士德》的问世，歌德很是欣慰，因为这是他毕生精力建构出来的史诗性巨著。《浮士德》在世界文学史上占有极其重要的地位。歌德在文学领域里奋斗了一生，硕果累累，他已是心满意足了。

歌德的身体向来很健康，威严的仪表使他即使到了老年也显得精力充沛。为了躲避人们对他82岁华诞的盛大庆祝，他带着两个孙儿及仆人，到了伊尔梅瑙。他的生命力是那样旺盛，他的朋友、爱妻、独子，还有魏玛公爵，都已离开人世。而他已是年过八旬的老人，他能像浮士德那样，喝魔汤就能返老还童吗？

死神终于也光临这位老人了。

1832年3月15日，歌德乘马车去外边散步，受了凉，患了重感冒，回到家就病倒了。他胸部疼痛，两眼深陷，面色如土，卧床不起。病情时好时坏，歌德预感到自己将不久于人世了。22日早晨，他翻看了一本有关法国七月革命的书，然后他向家人问了日期，随即入睡。一会儿，他睁

开眼睛,感觉精神许多,便坐起来与儿媳妇说了一会儿话。他觉得屋子里太暗,便望着窗户喊道:"打开百叶窗,让更多的光进来!"他坐在床边的椅子里,面容十分安详。家人一时都很宽心,想让他多休息一会儿。可是,中午11点半的时候,这位83岁的老人闭上了眼睛,从此再没有睁开。德国最伟大的作家,世界最伟大的诗人之一——歌德,就这样与世长辞了。

3月26日,在举行遗体告别仪式之后,举行了隆重的葬礼。歌德的棺椁安放在席勒的棺椁旁。这是1827年歌德在迁移席勒墓时亲自选定的墓址。

歌德的一生有如他曾写过的《墓志铭》:

少年时孤僻而倔强,

青年时狂妄而固执,

壮年时敢作又敢为,

老年时轻率而怪癖!——

你的碑文:

一个真正的人在此安息!

戏剧创作

歌德的文学创作包括了几乎所有的文学体裁,戏剧创作是他全部创作中最重要的部分,他一生中完成的和未完成的剧本有70余部,其中有巨著也有化装游行剧一类的剧作。

歌德在莱比锡上学期间就写了牧童剧《恋人的情绪》、喜剧《同谋犯》。《葛兹·冯·伯利欣根》是第一部真正具有歌德特色的作品,使歌德成为狂飙突进运动的领袖。这部剧作无论思想内容，还是形式，对狂飙突进时期的戏剧都有很大的影响，体现了个人享有自由的思想。创作手法上，歌德把历史上的事件作为悲剧的创作素材是一个创新。在戏剧结构方面，歌德抛弃了古典戏剧的规则，整个戏由一个个叙事式的画面组成，没有紧密的逻辑关系。场景和地点多次更换和变动展现了戏剧的创新。

歌德在狂飙突进时期写了大量的剧本，他的剧本可分三类：1.继承汉斯·萨克斯的传统写法，富有民间传统特色的狂欢节剧和讽刺性滑稽剧。如《诸神、英雄与维兰德》（1774）、《普隆德尔魏伦的集市》（1774）和《帕得·希莱的狂欢节剧》（1774）。2.描写爱情与婚姻问题的剧本。如《克拉维哥》（1774）、《史推拉》（1775）和《兄妹》。3.狂飙突进时期的作品《哀格蒙特》（1788）等。悲剧《伊菲格涅亚在陶里斯》（1788）被文学史家看作是歌德古典文学时期的第一部作品。该剧根据欧里庇得斯的《伊菲格涅亚在陶洛人里》悲剧写成。在歌德的笔下，主人公伊菲格涅亚成了人道主义的象征，该剧在形式上回到古典剧的轨道，严格遵守"三一律"，整部戏剧和谐完整，优美宁静。

《托夸多·塔索》是一部古典悲剧。该剧描写了文艺复兴时期意大利诗人塔索在宫廷里的遭遇。在理想和现实矛盾的时候，塔索寻求的是和解，导致精神上崩溃的悲剧。

法国大革命以后，歌德写了几部政治剧。如《大科夫塔》（1790）、《市民将军》（1793）、《激动的人们》（1793）等。剧情大都直接或间接与法国大革命有关，作品的倾向是反对暴力革命，主张改革。

《浮士德》是歌德创作的主要代表和最高成就，贯穿了他的全部创作生涯。他从1771年就开始构思，1773年正式动手写作，1775年暂时停笔，1786年去意大利旅行时在原稿基础上增删修改，1790年以《浮士德片段》

为题发表，引起了席勒的重视。1794年歌德与席勒结交后，在席勒的一再建议和催促下，开始了第三次创作。这次创作定位了作品的主题思想，浮士德不再是单纯的个人，而是人类的代表。浮士德的经历也不再仅仅是他个人的经历，还是人类发展的缩影。1808年发表了《浮士德》第一部，1831年完成《浮士德》第二部，在1832年歌德逝世后发表。《浮士德》的创作形式非常独特，它包含了若干可以自成一体的悲剧，又可以被看作是有头有尾的诗集。就全剧而言，它没有严密的戏剧结构，像是一部叙事体作品。它是把诗歌、戏剧和小说的特点糅合在一起的戏剧，就形式而言，是一部无与伦比的作品。这部巨著表现了诗人全部生活和艺术实践体验，是诗人毕生劳动和不断探索的思想总结和艺术总结，它不仅是德国文学的巨著，也是世界文学中的珍品。为欧洲浪漫主义文学和批判现实主义文学积累了宝贵的艺术经验，在文学史上有特殊意义和重大贡献。它与《荷马史诗》、但丁的《神曲》、莎士比亚的《哈姆雷特》并列为欧洲文学的四大名著。

创作的戏剧还有：《普罗米修斯》（两幕剧）（1773）；《新的道德——政治木偶戏》（1774）；《布雷伊长老的谢肉节剧》（1774）；《克拉维哥》（悲剧）（1774）；《哀格蒙特》（悲剧），1775年开始创作，1788年付印，作曲家贝多芬给这部作品配乐；《欧文和埃尔米勒》（配唱戏剧）（1775）；《史推拉》（1776），为恋人们写的戏剧；《私生女》（悲剧）（1804）；《平民将军》（喜剧）（1793）等。

主要作品介绍
Zhuyao Zuopin Jieshao

《少年维特之烦恼》
《浮士德》

《少年维特之烦恼》

《少年维特之烦恼》是德国文学中第一部在世界范围内产生了巨大影响的作品,被视为狂飙突进运动时期最重要的小说,在德国混乱而虚空的社会现实中透出顽强的生命活力。小说表达了一代青年要求摆脱封建的束缚、建立合乎自然的社会秩序和平等的人际关系、实现人生价值的心声,体现了当时德国进步青年的情绪。这部小说发表后引起青年人的强烈共鸣,受到了青年人的欢迎,很快形成一股"维特热",风靡欧洲。《少年维特之烦恼》这部小说奠定了歌德在国际文坛的地位。

【时代背景】

18世纪下半叶,德国发展到了一个新的历史阶段,市民阶级和贵族矛盾日益加深。德国的一批年轻知识分子在法国启蒙运动思想家卢梭的影响下,渴望自由、平等、民主、博爱。他们要摆脱封建束缚、解放个性,要建立符合时代的社会秩序。他们对封建专制暴政和不平等的社会制度发起了反抗活动。由于缺少爆发政治革命的条件,青年们主要在文学的领域展开了运动,这就是著名的"狂飙突进运动"。狂飙突进运动促进了德国民族意识的觉醒。歌德的小说《少年维特之烦恼》正是在这样的背景之下产生,它作为运动的创作实践推动了狂飙突进运动。

《少年维特之烦恼》产生于法国大革命之前的1774年。这一年欧洲正处在从封建社会向资本主义社会过渡的转折时期。当时欧洲的社会、文化、思想正面临着伟大的历史转折,封建社会的彻底崩溃已是无可挽回,资本主义时代正在微露晨曦。但是德国的状况却与此形成了鲜明的对照。

德意志民族的神圣罗马帝国国内四分五裂,封建割据邦国林立,战乱连绵不断,农业、手工业、商业极端凋敝,社会十分鄙陋,封建势力根深蒂固,人民在苦难中呻吟。一方面,市民阶级经历了文艺复兴和启蒙运动,阶级意识开始觉醒,特别是青年一代,强烈要求改变自身政治上无权和社会地位低下的处境,认为人与人之间应该是"自然的"、"平等的",并以"个性解放"和"感情自由"来反对封建伦理道德和等级制度,反对封建思想意识的束缚。另一方面,封建阶级还很强大,尤其在德国,他们还牢牢控制着社会生活的各个方面。在这种现实面前,年轻又软弱的资产阶级中间普遍滋生出悲观失望、伤感多愁、愤世嫉俗的情绪,甚至愤愤自杀。这就是18世纪后期,感伤主义文学形成的现实基础。歌德运用现实主义的创作方法,在《少年维特之烦恼》中以第一人称真实地记录了当代青年的心灵深处的隐秘,深刻地揭示了这个时期的社会特点,体现了狂飙突进的精神。

　　1772年5月,歌德按照父亲的意愿到韦茨拉尔的帝国高等法院实习。当时德国各邦国都在这里设有公使馆,歌德结交了一批公使馆的年轻官员,如凯斯特纳、耶路撒冷等。青春旺盛的歌德不喜欢法律,加上上司对他的工作吹毛求疵,同事的戒备提防,他对职业更是兴致索然。而郊外的自然风光成为歌德的最爱。1772年6月9日,歌德在去郊外参加舞会的路上认识了当地法官亨利·布胡的大女儿夏绿蒂。夏绿蒂19岁,在家中担负着照顾亡母遗下的一群弟妹的责任。她温婉的仪表和贤淑的品德摄住了歌德的心。那次舞会后,歌德的心里装满了夏绿蒂。可是,夏绿蒂已经订婚,夏绿蒂也明确表示只能给歌德以友谊。正当歌德痛不欲生的时候,他的好友耶路撒冷因热恋一个朋友的妻子,无法排解情感,便借了朋友的手枪,在1772年10月30日的夜里自杀了。耶路撒冷的自杀,歌德对夏绿蒂单相思的体验和遭遇，加上他这几年来压抑的心情，是歌德创作《少年维特之烦恼》的起因。

《少年维特之烦恼》是歌德青年时期最好的作品。歌德于1774年2月开始动笔，经过四个星期，1774年3月完稿，于1774年秋出版。作品体裁为书信体小说，描写了一个有理想、有才能的进步青年维特在平庸、鄙陋的现实社会中，因怀才不遇和失恋而自杀的故事。通过维特这个叛逆者与周围环境之间的矛盾，对当时德国的丑恶现象进行了深刻的批判，对封建的德国进行了公开的挑战。小说突出反映了德国当时进步青年的思想情绪，引发了感伤主义文学和狂飙突进文学运动。

《少年维特之烦恼》篇幅不长，情节也并不复杂曲折。全书以主人公维特不幸的恋爱经历和在社会上处处遭遇挫折这一根线索串连起来，构成一部完整的书信体小说。主人公维特是18世纪德国进步青年，他热情奔放，渴望自由。他希望从事有益的实践工作，向往人的自然天性能得到彻底的解放与施展。但是他生活的社会却充满着等级观念的偏见和鄙陋的习气。他的周围充斥着保守腐败的官场、庸俗屈从的市民、傲慢的贵族。没有能提供给他展示才能的空间。维特与庸俗社会环境格格不入。他转而寻求爱情的慰藉，寻求精神上纯洁的恋爱。初春的一天，维特来到一个风景宜人的偏僻山村。这里的青山幽谷、晨曦暮霭、村童幼女……宛如世外桃源，他忘掉了一切烦恼。在一次舞会上，维特认识了当地一位法官的女儿绿蒂。维特眼中的绿蒂像圣女一样纯洁。维特对绿蒂寄以全部的热情和无限的崇拜。从此以后，维特却再也分不清白天和黑夜，在他心中只有绿蒂。绿蒂虽然早已订婚，尽管对维特非常倾心，但绿蒂不可能不服从礼俗而去追求爱情，这就使维特陷入了绝望的境地。他感世伤怀，悲愤万分，然而却找不到出路，最后只得以自杀了此一生。小说一出版就在德国引起

"维特热"。它的出版也是德国文学史上一件划时代的大事，成为德国第一部具有世界影响的作品。这部作品使歌德由德意志诗人进而成为一个世界诗人。

《少年维特之烦恼》是一部用第一人称写成的散文书信体小说，它以维特的独白方式讲述了一个无果的悲情的爱情故事，同时也讲述了一个有志的知识分子的陨灭过程。它是歌德早期的作品。全书共分三个部分：第一、第二部分由主人公维特给友人威廉和女友绿蒂的书信构成；第三部分是本书"编者"威廉写的后记。小说没有惊心动魄的情节，只是用极其细腻的笔触描写了主人公维特的社会遭遇，特别是他不幸的恋爱经历。

【故事梗概】

为了摆脱生活的烦恼，少年维特离开了家庭和很要好的朋友威廉，独自来到一个陌生的天堂般的小城市。

城郊有一座建在小丘上的房子，寥寂雅致。周围群山环绕，溪水叮咚，景色十分秀美。维特一来就被它吸引住了，在这儿住了下来。

这时正值春光明媚的五月，维特的整个灵魂都充满了奇妙的欢快，他以整个身心欣赏着甜美的春晨。山谷里的雾气在他周围蒸腾，太阳高悬在那片幽暗的树林上空，几束阳光悄悄射进树林中，把草上的露水映得熠熠发光。现在他已无法作画，一笔也画不了，和以往相比，此刻他更是位伟大的画家。躺在溪边的野草中，听那鸟儿、虫儿的私语，享受那奇异的自然世界。暮色朦胧，周围的世界以及天空像情人的倩影憩息在他的心上，如此温馨的情景若写在纸上，那该多好！

房前小丘下有一眼泉水，泉水从山下的大理石岩缝中喷涌而出，清澈透明。泉水四周砌了矮矮的井栏，大树的浓荫覆盖着周围的地面，凉爽宜人。维特每天都到这幽静的地方来坐一小时，看着城里的姑娘都来这儿打水。井畔的清凉让人神清气爽。他眼前浮现出古代宗法社会的情景：先祖们在水井旁结识、联姻，仁慈的精灵翱翔在清泉的上空。

维特逐渐认识了许多当地人，他极爱和他们一起聊天，他们也喜欢维特、疼爱维特。他们或一起品尝佳肴，酣饮醇醪，坦诚畅叙，开怀笑谈，或适时安排郊游，组织舞会。维特最高兴和孩子们一起玩耍。他们是那样天真纯洁，没有人情世故的烦忧。

离城大约一小时路程，有一个小村庄，叫瓦尔海姆，坐落在山坡上。村子中间有一个小教堂，还有一个酒店。两株菩提树伸展的枝丫覆盖了教堂前的农舍、谷仓和场院。这是一个很惬意的休息场所。维特常常让侍者从酒店里把小桌子和小椅子搬到菩提树下，边喝咖啡，边读那庄严宁静的荷马古诗。

一天下午，风和日丽，维特来到菩提树下，见那儿十分寂静，大家都下地干活去了，只有两个儿童坐在地上。一个大约四岁，一个才半岁的样子，小的偎依在大的怀里，黑眼睛在活泼地东看西望，但却一直安安静静地坐着。维特觉得这个景象自然可爱，便在对面的一张耕犁上坐下，兴致勃勃地画下了这兄弟俩的姿态。

又一天，维特正在这儿踯躅，隔壁屋里出来一个青年农民，动手修理不久前维特画过的那张犁。维特很喜欢这个人，便去同他攀谈，询问他的生活情况，不一会儿他们就熟了。那农夫告诉维特，他在一个已不年轻的寡妇家里做工，她对他很好。他讲了很多关于她的事，对她赞不绝口，维特觉察他对她已经爱得刻骨铭心了。他说："她被她前夫虐待过，不想再嫁了。"最后才讲，他多么希望她选择自己做她的丈夫，消除她前夫给她留下的创伤。这如此纯洁的企盼、感人肺腑的情景在维特的灵魂深处腾起了烈焰，这幅忠贞不渝、柔情似水的景象让维特自己也好像燃起了企盼和渴慕的激情。

　　这里的年轻人要举行一次乡村舞会，维特请了一位姑娘作为舞伴去参加。维特叫一辆马车带上美貌的女舞伴和她的堂姐一同前往。走在路上，女伴对维特说，她要邀请绿蒂一道走。她说道："您将认识一位漂亮的小姐了。"马车穿过一片稀疏的大树林向庄园驶去。女伴说："您得小心。"堂姐插话说："别堕入情网呀！""为什么？"维特说。舞伴答道："她已经订婚了，同一个挺棒的小伙子订婚了，不过那个小伙子现在不在家，他父亲死了，他去料理后事去了。"维特听着，对于这个消息一点儿也没介意。绿蒂的父亲是个侯爵，在城里当法官，妻子死后才把家从城里迁到乡间的庄园来。

　　马车到了庄园门口的时候，太阳还没落山，天气很闷热，满天都是灰白色的云层。

　　维特下了车，由女仆领着穿过院子，朝精心建造的屋子走去，上了屋前的台阶，正要进门时，一幕最动人的景象跃入他的眼帘。

　　这是一间大屋子，屋中一张桌子旁，有好几个孩子围拥着一位容貌秀丽的姑娘。她中等身材，丰姿绰约，穿一件简朴的白色衣服，袖口和胸襟上系着粉红色的蝴蝶结，衬托出体态的轻盈优雅。她手里拿着一个面包，根据孩子的年龄切下大小不同的面包，亲切地分给他们。弟妹们都向她张着小手，像雏鸟一样在等待哺育。等拿到了自己的那一块，天真地说声"谢谢"，便蹦着跳着跑开了。

　　看到维特进来，她略带歉意地说："对不起，让你们久等了。刚才换衣服，又整理了一下屋子，就忘了给我的弟妹们分面包了，他们不要别人切的面包，只要我切的。"

　　维特随便客套了几句，他的整个灵魂全都停留在她的容貌、声调和举止上了。孩子们站在离维特不太远的地方看着维特，年纪最小的孩子脸蛋特别逗人喜爱，维特便朝他走去。这时绿蒂正好从房里出来说："路易斯，跟这位表哥握握手。"这孩子便落落大方地同维特握了手，维特情不自禁，就亲昵地吻了他。维特向绿蒂伸出手去时说："您认为我配有这份福气做您的亲戚吗？"绿蒂莞尔："我们的表兄弟多着呢，倘若您是表兄弟中最差劲的一个，那我会感到遗憾的。"

路上，他们热烈地交谈起来。绿蒂也看过许多书，她很有见地，能正确地评价一些作品。维特竭力掩饰自己的激动，情不自禁地谈起威克菲尔德牧师，谈起……维特谈得起劲，把同车的另外两个姑娘都给忘了，堂姐不止一次嗤鼻子嘲讽地盯着维特，对此维特却毫不在意。

到了舞场，维特连续跟几个姑娘跳了舞，他觉得她们都太笨了。轮到图形舞大家一起跳时，维特心里那份惬意呀，看，绿蒂的舞跳得那么投入，她的全部身心都融入了舞蹈，她的整个身体非常和谐，她是那么逍遥自在，那么飘逸潇洒，仿佛跳舞就是一切。维特请她跳舞，她说最喜欢跳德国舞。维特随即握住她的手，约定跳到最后。开始跳华尔兹了，她跳得又轻快，又动人，维特从未感到如此怡然轻快过，维特已飘然欲仙了。世界上好像就只有他们两个人似的。在跳英国舞的时候，一个中年妇女看着绿蒂微笑，恫吓性地竖起一个指头，在飞舞着走开的时候连说了两声"阿伯尔"。维特问绿蒂："阿伯尔是谁？"绿蒂说："阿伯尔是一个好人，我和他已经订了婚。"绿蒂订婚一事女舞伴已经告诉维特了，只是维特并没有把这消息同眼前的绿蒂联系起来，现在她在维特心中已经变得无比宝贵。维特这时方寸已乱，魂不守舍，把整个舞场都跳得混乱了，多亏绿蒂沉着镇定，将维特连拉带拽，才使秩序迅速得以恢复。

舞会结束后，维特同她告别时，请求她允许自己再去看她，得到她的首肯，维特就离开了。从此，日月星辰任其悄悄地升又悄悄地落，他却不知白天和黑夜，周围的整个世界都消失了，他心中时时刻刻只有绿蒂的形象。

维特把家搬到了瓦尔海姆，这儿距离绿蒂的家只有半个小时的路程。维特几乎天天都到绿蒂家里，与她的弟妹们玩耍，和他们成了最好的朋友。维特在小事情上看到了他们将来美好的品德和力量的萌芽；在他们的执拗中看出他们未来性格的坚定和刚毅；在他们的任性中看出足以化解世道险阻的良好的心态和洒脱的风度。而这一切又是如此纯洁，点污未沾。此时，维特体验着人生的一切幸福。从山丘上眺望美丽的山谷，周围的景色真让维特着迷。那是小树林！你可以到树荫下去小憩！那是山峦之巅！你可以从那里眺望辽阔的原野！那是连绵不断的山丘和个个可爱的山谷！维特在那里流连忘返！这种生活特色自然而然地融进自己的生活方式里去。

城里一个女人病得快死了，在她生命的最后时刻想要绿蒂待在身边。维特感到自己的心情比那将死的人还要痛苦，虽然维特还能经常跑去看绿蒂。

维特的爱是那样深沉，早上起来，对着初升的太阳，他唯一的愿望就是去见她。如果因为有事缠身不能去，他就要把这天见到过她的人唤来，因为这人的脸和衣服曾有幸被她的目光注视过。

一天，他们许多人一起出去游玩，男的步行，女的乘马车。维特站在那儿看绿蒂上车，他的全部心思都陶醉在她的目光里，可她的眼睛却偏偏不落在维特身上！马车走了，维特眼含泪水，目光跟随着她，突然他看见车门口露出绿蒂的头饰，她转过头来，在张望，啊，是看我吗？维特心中叫道，他从她乌黑的眸子里看出她对自己命运的关心，感到无限幸福。

当他们在一起的时候,当他的手指无意间触着她的手指,或者脚在桌底下相碰的时候,啊,热血便在维特全身奔涌,维特像触着火一样。维特所有的感官都晕乎乎的,像腾云驾雾一样。当她谈话时把手搁在维特的手上,嘴里呼出美妙绝伦的气息,这时维特就像挨了电击。她纯洁无邪,她的灵魂毫不拘谨,全然感觉不到这些细小的亲密举动使维特受到多大的折磨。在维特心目中,她是神圣的。在她面前,一切欲念都沉寂了。

早上醒来,维特愉快地望着美丽的太阳喊道:"我要去看她!"一整天就再也不想干别的了。一切,一切都交织在这期望中了。他无比快乐,对大自然一块小石子、一棵小草的感觉也如此充盈,如此亲切。

维特动手画绿蒂的肖像,都不满意,后来维特就为她剪了一幅剪影。维特在沸腾、焦灼的情感中已是神魂颠倒了。然而这时,绿蒂的未婚夫阿伯尔回来了。

阿伯尔是一个沉静、理智、英俊、可爱的人,凡事都遵循常理,很注意自己的言行,从来不感情冲动。阿伯尔也很爱绿蒂,他爱她的温善、勤勉,她的母性的美。

阿伯尔沉着的外表同维特无法掩饰的性格形成了十分鲜明的对照。维特知道自己不能够过多地接近绿蒂了,他悲哀地感到待在绿蒂身边的快乐已经过去了。但他忍不住,走着走着,不知不觉就到了绿蒂家。看到阿伯尔陪着绿蒂在花园的凉亭里坐着,他就不能再往前走了。每当发现她一人独处时,维特就喜不自胜。

绿蒂虽也有维特般激越的情感,但她安于既成事实,不愿再辟新路。

阿伯尔对维特很好,他们一起散步,他向维特谈起绿蒂贤淑的母亲:临终前母亲把家和孩子都交付给绿蒂,又把绿蒂托付给他;从这时起,绿蒂体现出完全不同的精神面貌,她井井有条地料理家务,严肃认真地照看弟妹,俨然成了一位真正的母亲;她时刻怀着热烈的爱心,兢兢业业地劳动,然而并没有失去活泼的神情和无忧无虑的天性。

阿伯尔要在这里住下了,他在侯爵府上找了个薪俸颇丰的职位,他办事兢兢业业、有条不紊,很讨人喜欢。

八月里的一天,天气很好,维特想骑马到山上遛一遛,就到阿伯尔那儿去告别。维特在他房间里看到一把手枪,很感兴趣,"把手枪借给我吧,"维特说,"我出门好用。"便拿起来摆弄,将枪口对准自己右眼上的额头。阿伯尔瞥见,马上一把夺了去,叫道:"你要干什么?"

维特说:"枪里没装弹药。""那也不能这样,"他极不耐烦地加了一句,"我不能想象,竟会有人愚蠢到肯自杀,单是这种念头就让人恶心。"

"人就是这样,"维特冷冷地说,"当碰到什么事情,马上就要说,这是愚蠢,那是聪明,这是善,那是恶,到底这事是什么原因引起的,却不去追究。要是真知道了原因,恐怕就不会那么轻易地下判断了。"

"你得承认,"阿伯尔说,"某些行为的发生无论出于什么动机,其本身总是一种罪恶。"

维特耸了耸肩,说:"这里也有例外,比如说偷盗是一种罪恶,但有的人偷盗却是为了把他的亲人从饥饿中解救出来。你说这种人是该受怜悯呢,还是该受惩罚?对于那种因不可抑制的爱情而失身的女子,就是法律也要体恤,冷血的道学家也要感动的。"

"那是另外一回事,"阿伯尔回答说,"因为一个人受了激情的驱使,失去了理智,只能把他看作醉汉,看作疯子。"

"哟,你们这些有理智的人,"维特禁不住叫道,"激情!酩酊大醉!疯狂!你们这些品行端正的人,连一点儿同情心也没有!我可是不止醉过一次。我觉得，凡是成就伟大事业，做了看似不可能的事的，都是出类拔萃的人，可是他们却从来都被骂作醉汉和疯子。"

"你这又在异想天开了，"阿伯尔打断他，"你就喜欢夸张，怎么把自杀扯到事业上去了？"停了一下，他又说："自杀不管怎么说都是懦弱的表现……因为比起顽强地忍受痛苦生活的煎熬，死当然要轻松得多。"

维特用力压住心头的火，说道："你说自杀是软弱？我请你不要被表面现象所迷惑。一个民族，一个在难以忍受的暴君压迫下呻吟的民族，当它终于奋起砸碎自己身上的锁链时，难道你能说这是软弱吗？一个人家宅失火，他大惊之下鼓足力气，轻易地搬开了他头脑冷静时几乎不可能挪动的重物；一个人受到侮辱时，一怒之下竟同六个对手较量起来，并将他们一一制服，能说这样的人是软弱吗？"

阿伯尔凝视着维特，说："怪论，你举的这些例子，在我看来和我们讨论的事是风马牛不相及的。"

"不见得有这么怪吧？"维特接口道，"人的天性都有其局限：它可以经受欢乐、悲伤、痛苦到一定的限度，一旦超过这个限度，他就将毁灭。"维特继续说："无论是在道义上或肉体上。"维特认为，"把一个自杀者说成是懦夫，正如把一个死于恶性热病的人称为胆小鬼一样，都是不合适的，这两种说法同样是离奇的"。维特举了前不久一个女子因失恋而投水自杀的例子，来说明人如果寻不到出路就不得不死。但他无论如何也说服不了阿伯尔。最后，维特感慨万千便戴上帽子和阿伯尔分开了。在这个世界上一个人要理解另一个人是多么不容易呀！

对于生机盎然的大自然，维特心里充满了温馨之情。这种感情曾给维特倾注过无数的欢乐，使周围世界变成了伊甸园，可如今维特却成了一个令人难以忍受的、专给别人制造痛苦的人，成了一个折磨人的精灵。那草木茂盛的山麓，那蜿蜒逶迤的峡谷，那悠然流泻的河流，那倒映在水中的美丽的云彩，都使维特感到自身的渺小，感到他的不自由，无力量。

清晨，维特从噩梦中醒来，向她伸出双臂，结果是竹篮子打水；夜里，维特梦见自己坐在她的身旁，千百遍地吻着她的手，维特在床上找她时，床上却只有他一个人。一股泪从维特压抑的心中迸涌而出，面对昏暗的前程，维特绝望地哭了。

维特生日那天，一大早就收到阿伯尔的一个小包裹。打开包裹，一个粉红色的蝴蝶结即刻映入眼帘。维特与绿蒂初次相识时，她胸襟上就结着这个蝴蝶结。还有两本荷马诗集，这些东西，都是维特早就想要的。看到他们这样善察人意，总是想方设法送给一些维特喜爱的小礼品，以表达他们的友情，维特心中更加难过。忧郁和沉闷压抑着维特，维特必然得走开。他到原野中去四处游荡，去攀登陡峭的山崖，让荆棘刺伤他，让饥渴疲劳折磨他。这样，夜里，他坐在寂寥的森林里蜷曲的树枝上，在影影绰绰的月色中，寂静伴着维特进入梦乡。

近两星期以来维特在反复考虑离开绿蒂的事情。维特的朋友威廉来信劝维特离去，维特感谢他坚定了自己动摇的心。九月里的一天，维特终于决定离开绿蒂。

这天，维特约阿伯尔和绿蒂晚饭后一起来到花园里坐坐。

维特早早地吃了晚饭，来到他们常去的山坡草坪上。维特沉浸在离别的惆怅和再次见面的欢愉中，思绪万千。大约等了半小时，就听到他们的脚步声。维特便跑着迎了上去，怀着战栗的心情吻了绿蒂的手。

月亮从郁郁葱葱的山冈后面升上来。银光笼罩着山谷。他们漫无边际地闲聊，不觉已走近了黑黝黝的凉亭。绿蒂走进去，坐了下来，阿伯尔挨着她而坐，维特也坐在她身边。可是，维特心情不安，难以久坐，便站起身来，在她面前来回走了一阵，又重新坐下。绿蒂首先开口，话语中流露出忧伤。"维特每次在月光下散步总会想起故世的亲人，死亡、未来等问题总会袭上我的心头。我们都是要死的！"她转向维特，声音里充满了感情，"可是，维特，我们死后还会重逢吗？会重新认得出来吗？您怎么想？您怎么说？"

"绿蒂，"维特握住她的手，眼中闪动着泪花，"我们会再见的！会在这里或别处再见的！……"

"故世的亲人是否知道，是否感觉得到，我们幸福的时候总是怀着温馨的爱追念他们呢？""啊！当静静的夜晚坐在妈妈的孩子中间，坐在我的弟妹中间，我母亲的身影就会浮现在我的眼前。我在她临终的时候，发誓做她孩子的母亲，我是尽我所能地做了一切。啊，敬爱的母亲，你要能看见我们的和睦，你一定会怀着最热烈的感激之情赞美上帝，赞美你含着最后的痛苦的泪水祈求他保佑你的孩子的主。"

"你太激动了，可爱的绿蒂！"阿伯尔温柔地插话说，"你心里总在想着这些事，但是，我求你……"

但绿蒂继续讲下去："上帝知道我的泪，我常常跪在床前含泪祈求上帝，使我马上能代替母亲抚养弟妹。"

"绿蒂！"维特喊着跪倒在她跟前，拿起她的手，让它浸在自己的热泪之中，"绿蒂！上帝会赐福给你，你妈妈的灵魂也会保佑你！""您要是认识她该多好，"她一边说，一边握住维特的手，"她是值得您认识的！"听了这话，维特差点儿晕了。还从来没有人以如此崇高、如此敬佩的话称赞过他呢。

"上帝呀！有时我想，当生活中最爱的人让人抬走的时候，最感到伤心的是孩子，很久以后他们还在抱怨穿黑衣服的人抬走了妈妈！"她站起身来,"我们走吧,夜已经深了。"

维特依然坐着,浑身发抖,紧紧握着她的手。"我们会再见的!"他叫道,"我们一定会再见,无论变成什么样子,我们都彼此认得!"他站起来。"我走了,我是心甘情愿地走的。再见吧,绿蒂!再见吧,阿伯尔!"

绿蒂戏谑地说:"我们明天再见吧。"她把手抽回去,与阿伯尔一起朝林荫道走去。

维特目送他们在月光中离去,扑倒在地,放声大哭,随后又一跃而起,奔上坡台,还看得见下面高大的菩提树的阴影里,看见她的白衣服在树荫中闪动,维特伸出双臂,这时她的身影已经消失了。

10月20日,维特来到公使馆,当了办事员。维特希望在工作的愉快中求得解脱。

但公使是一个墨守成规又十分迂腐多疑的人,他从来没有满意的时候,对谁都看不顺眼,繁琐得跟老太婆一样。每次维特把拟好的文件交给他,他总是说:"好是好,但是请你再看一遍,或许还会有更好的字句,更简洁的冠词。"标点符号若是不按成法去点不准确,他就一点儿也看不懂。同这种人共事,维特感到很苦恼。公使也多方刁难维特。

在那里,维特发现了许多金玉其外、败絮其中的家伙,他们热衷的只是地位,他们的事业就是互相警戒提防,唯恐别人先逾一步。但也有另外一些人。维特认识了一位伯爵,他思想开明,很有抱负,维特对他的敬重与日俱增。同他的交往中他表现出极重友情、富有爱心。维特很尊敬他,他的友谊给了维特很大的安慰。不久,维特散步时认识了一位冯·B小姐,她是位可爱的姑娘,在呆板的生活环境中仍保持着许多自然的天性。他们谈得很投机,以后他又去登门拜访了她。她不是本地人,住在这里的姑妈家。

维特虽然有殷实的家产，受过很好的教育，但由于出身市民阶层，便被贵族们看不起。维特恨透了那该死的阶级差别。他的聪明才智一点儿也得不到施展，每天忙忙碌碌，只是像木偶一样被人驱使。他在给绿蒂的信中说："我现在陷入混乱的状态之中！我在可悲的巢穴里，周旋于陌生的、对我的心来说是完全陌生的人群中。我的神智完全枯竭了！我的心没有片刻的充实，也没有片刻的欢乐！什么也没有！什么也没有！……""这里我发现的唯一的女性就是冯·B小姐。她很像您，她感情很丰富。有时候我们一起幻想纯净幸福的乡村生活；啊，还谈到了您！她很喜欢听我谈起您，她爱您。"

三月里的一天，维特到伯爵家去吃饭。恰巧晚上贵族社会的先生太太要在他家聚会。维特没考虑过多，也从未留神下属不能参加，他在大厅里同客人们闲谈。聚会的时间就快到了，客人们越来越多了，有肥胖如鹅的小姐，有穿着古式大礼服的侯爵老爷，维特从心里就反感，正等着向伯爵告辞。这时，B小姐进来了，所以他就没有走，站在她的椅子后面，和她说话。过了一阵子他才发现，她的谈话没有平时那么坦率，而且有点发窘。维特和几个认识的人交谈，但他们个个都只有三言两语，爱理不理的样子。这时维特注意到大家都带着傲慢的神情看着自己。终于，一位夫人跟伯爵说了几句话，伯爵随即走到维特身边，把他带到窗前，说："我们这种奇特的关系您是知道的，我发现，参加聚会的人都不愿意在这儿见到你……"维特没等他说完，便说："对不起！我本该早就想到的，我早就应该告辞了。"他鞠躬告别，悄悄溜出，坐上一辆马车，跑到山上去了。

这一来，维特成了众人注目的对象了，他不管走到哪里，都能看到嘲笑的眼光，听到讥讽的话。

第二天，维特在林荫道上遇着 B 小姐并向她表明，她最近的态度使自己受到极大的伤害。

"哦，维特！"她用一种亲密的声调说，"你是知道我的心的人，你不知道我难过吗？从我踏进大厅的一刻起，看见你在那儿，我多么难过啊！"泪水从她脸上流下来，她擦了擦，又说："我姑妈您是认识的，她是在场的。她是以什么样的眼光看着你的哟！维特，昨天夜里我忍了一晚上，今天早上为了我同您交往的事挨了一顿教训，我不得不听着她贬低您，污辱您，我只能，也只允许我为您进行一点点辩白。"她的每一句话，都像利剑一样刺在维特心上。他再也不能忍受了！没有和任何人商量，他毅然辞去了公职，同一位与他交情比较好的侯爵一起到他的庄园上去了。

途经故乡，他重温往日那些充满幸福梦想的日子。那时他渴望到外面陌生的世界去，希望渴慕的胸怀得到充实和满足。可现在，他带着破灭了的希望从"世界"回来了。这令人失望的现实啊！

侯爵为人真诚，纯朴，很好相处，他对维特很好，但他周围的人却很奇怪，让人不能理解。但侯爵所谈之事往往是道听途说的或是书上看到的，没有他自己的见解。他也很器重维特的智慧和才能，却不了解维特的心。那是维特唯一的骄傲，是一切力量、一切幸福和一切痛苦的源泉。这使得维特无法在他的领地上长住下去。

维特的心牵引着他回到瓦尔海姆。这时绿蒂和阿伯尔已经结婚了。维特只能在睡梦中、在幻想中去追寻人生的快乐。

天已入秋，树上的叶子都枯黄了，飘零了，西风吹打着残枝。维特的心中也是一片秋色。

他去看望菩提树下的那家人，想见见他画过的那两个孩子。但孩子的母亲告诉他,她的小儿子已经死了。

  他又去打听和他交谈过的那个年轻的农夫,听说他已经被解雇了。这一天,维特在通往另一个村子的路上遇见了他,他便向维特讲了他的故事:他对女东家的恋情与日俱增,整天魂不守舍,直到吃不下饭,睡不着觉。终于有一天,他走进她的卧室,向她表白了爱情。他希望同她结婚,终身侍奉她。但女主人的弟弟来了,他早就怀恨这个农夫,因为他担心姐姐和他再婚后会把遗产夺了去。因此她弟弟就把他赶出家门,并且把事情闹得沸沸扬扬,使得女东家即使想要再雇他也不可能了。现在她又另雇了一个长工,据说她为了这个长工又同弟弟吵翻了,她弟弟坚决不让她再嫁人。维特很同情他的不幸遭遇,可他自己的命运不也同样不幸吗?

  维特最初同绿蒂跳舞时所穿的青色燕尾服,已经旧得不成样子了,他好不容易才下决心换了它,又做了一套一模一样的穿上,还配了黄坎肩和黄裤子。但还是觉得没有旧的穿着称心。一天,维特走进绿蒂的房间,她便迎来,维特欣喜若狂地吻了她的手。一只金丝雀从镜台上飞来,落在她的肩上。"一位新朋友,"她一边说,一边把鸟儿引诱到自己手上,"这是给我的弟妹们的。这鸟儿太可爱了!您看!每当我给它喂面包,它就扑腾着翅膀,乖乖地啄食。您瞧,它还吻我呢!"

  他想去拥抱绿蒂,想了有千百回,可见到她却又不敢伸手。他躺在床上时,总是要想,有时绝望起来,真想在床上长眠下去,从此不再醒来。

  他开始无节制地喝起酒来,一喝就是一瓶。每当这时,绿蒂总是忧郁地说:"你不要这样喝!你也应该想想绿蒂呀!""想到你?"他答道,"这何消说,我是在想你呀!不,我不是在想,你本来就在我的心里。"绿蒂怕他再说下去,就扯起了别的,引开话题,免得就此事一个劲儿谈下去。

有一天，维特要走时，绿蒂握着他的手说了声："再见，亲爱的维特！"维特激动万分，她还是第一次说"亲爱的"。维特把这话叨了上百回，晚上要睡觉的时候，他自言自语了一阵，忽然说道："晚安，亲爱的维特！"连他自己都禁不住笑了。

冬天来了，天气越来越冷，花草都枯死了，一片荒凉。中午，维特不想吃饭，独自走到河边去溜达。一阵冷湿的晚风从山上吹来。灰蒙蒙的雨云飘进了山谷。远远的有一个身穿绿色旧外套的人在岩石间爬来爬去，好像在寻找什么野花野草。维持朝他走去："你在找什么？"

那人回过头来，带着悲哀的神情叹口气说："我在找花，可是一朵也找不到。"

维特觉得好笑："现在可不是开花的季节呀！"

"花多得很哩。"他说，"在野外，花总是有的，黄的、蓝的、红的都有，矢车菊开的是小花，漂亮极了，可惜我一株也没找到。"

"你要花干什么呢？"维特感到有点奇怪。

他脸上现出一种莫名其妙的怪笑，把指头放在嘴唇上，说："你不要泄露给别人，我答应要给我的心上人一束鲜花的。"他接着又说："她的东西多得很，可富啦。"

"但是她却喜欢您的一束花。她叫什么名字？"

"假使军政府还了我的钱，我不会成为这个样子的！唉，从前有一阵子我混得挺不错！现在是没落了。我现在——"他泪眼汪汪地望着天。

"你自然是幸福的过来人了？"维特问道。

"那时我的日子真不错，过得轻松愉快，简直如鱼得水。"

"亨利！"随着呼唤声，一个老妇人从路上走来。"亨利！你到哪儿去呀？我们到处找你，该回家吃饭了。"维特走过去跟她搭话，知道了这

是她的儿子，得疯病已经一年多了。"他自己说，有段时间他生活得很幸福，很自在，那究竟是什么时候呢？"她带着哀怜的微笑叫道："他是在说他疯了的那个时候哩，他还老夸讲哩，那时他关在疯人院里，神志完全不清。"

这句话就好像是一声惊雷打在维特的心上。他往老太太手里塞了一枚钱币，恍恍惚惚地往城里走去，心里叫道："天上的上帝啊，人只有在获得理智以前或者丧失理智以后才能幸福，难道这就是你安排给人的命运？"

下雪了，纷纷扬扬的雪花，落满了原野。绿蒂的父亲病了，绿蒂去看望他。第二天清早，维特就来了，心想，要是阿伯尔不去接她，他就陪她返城回家。他进了法官家，发现一家人的情绪都很激动。最大的男孩告诉他，在瓦尔海姆刚发生了一桩谋杀案件，一个农夫被人杀死了。据说死者是一个寡妇的雇工，这寡妇从前雇用过的另一个人，对她家有些仇恨。维特听了这些情况，心里猛地一震，他叫道："我得立即过去，一刻也不能耽误。"他急匆匆地往瓦尔海姆跑去。

路过菩提树时，他看到那里有一片鲜血。他走近酒店，全村的人都聚在那儿，尸首放在小酒店前面。突然响起一阵喊声，只见一群全副武装的人押着犯人走过来了。维特朝那边望去，犯人就是那个对寡妇爱得刻骨铭心的长工，他跑到犯人跟前，叫道："不幸的朋友！你怎么做出这样的事情来！"犯人默默地看了看他，泰然自若地说："谁都别想得到她，她也别想嫁人。"

犯人被押进酒店，维特便匆匆地离开了这儿。一路上他只有一个念头："我一定要救他！"

他回到法官家里，阿伯尔已在那儿了。他很扫兴；不过他立刻重新振作起精神，激昂慷慨地向法官——绿蒂的父亲陈述了自己的看法。他激烈地为犯人辩护。但法官更猛烈地反对他，说他庇护杀人犯，有损法律和国家的治安。阿伯尔也来了，他也站在法官一边反对维特。法官反复向维特叫着："不能听你的话！这农夫罪不可赦！"最后，维特只得懊丧地告辞了。

回到家，他在一张纸条上写下了这样一句话："不幸的朋友呀，你是罪不可赦，我晓得，我们终是罪不可赦。"

夜幕将要降临时，绿蒂与阿伯尔步行回家。路上，绿蒂总是左顾右盼，仿佛少了维特的陪伴，心里颇为惦念似的。阿伯尔便对她说："我们应该疏远他点。我求你，把他对于你的行为引到别的方面去，让他少到我们家看你，人家在注目了，我听到四处都在讲闲话哩。"绿蒂没有吭声。

维特为救那个不幸的人所做的无望的努力，是正在熄灭的火苗最后一次熊熊燃烧。他在以往公务生活中所碰到的种种不愉快的遭遇，在公使馆里的恼恨，他遭到的种种失败，受到的种种屈辱，这时一齐在他心头上下翻腾。偏在这个时候，绿蒂决定遵从丈夫的心意，离开维特。维特陷入了更深的悲痛。辞世的决心在他的心中越来越坚定起来。

12月20日，正是圣诞节前的礼拜日，维特到绿蒂家去。绿蒂一个人在那里整理玩具，那是准备送给她弟妹们的圣诞礼物。维特说："孩子们要得到这些礼物该高兴得欢天喜地了。"绿蒂嫣然一笑，掩饰自己的窘态："只要您听话，您也会得到一份礼物的，比如一支长蜡烛什么的。"维特嚷道："您要我怎么样？我可以怎么样？最最好的绿蒂！"她说："星期四晚上是圣诞夜，那时孩子们都来，我父亲也来，每人都会得到自己的礼物，到时候您也来吧——但在这之前不要来。"维特一听愣住了。她接着说："事到如今，为了我的安宁，我求您，不能，不能再这样下去了。"

维特把自己的目光从她身上移开,在房子里走来走去。在牙缝里嘟哝着:"不能再这样下去了!"突然他叫道:"不,绿蒂,我不会再见你了!"

"这是为什么?"绿蒂说道,"你会再见我呀,只是我们少见些吧!"她去握住他的手。"请您要克制自己!您的智慧,您的学识,您的才能都会使您获得种种快乐的!做个堂堂的男子,放弃对一个女子的苦苦依恋吧,她除了同情您,不能越出雷池一步。"他从她手里抽出了自己的手,同时用呆板而不满的目光瞪着她:"也许是阿伯尔教的吧?外交辞令!十足的外交辞令!""谁都会这么说的,"她回答说,"难道世界上就没有一位姑娘能使您称心如意吗?您一定会找到的;这一阵子您沉迷在这狭小的天地里自寻烦恼,早就让我为您、为我们担心了。我相信您一定会找到的!您一定会找到另一个令你钟情的对象的,那时您回来,让我们共享真正的友谊的温馨。"维特冷笑了一声,说:"这些话可以印成小册子,发给一切家庭教师哩。亲爱的绿蒂,请您让我稍稍安静一会儿,一切都会好的!""只有一件事,维特,圣诞夜之前您不要来!"绿蒂说。

这时阿伯尔进屋来了。两人冷冰冰地互道了"晚上好",便挨肩儿在房里踱来踱去,心里都很尴尬。他想走,又不能走,磨磨蹭蹭一直待到八点,他的气恼和不满也在不断增加,等到摆好晚饭,他便拿起帽子和手杖。阿伯尔请他留下来吃饭,但维特听来这不过是一句无关紧要的客套话,于是他冷冷地谢绝后就走了。

维特回到家,从仆人手中接过蜡烛,独自走进房间,放声大哭。在屋里他剧烈地走来走去,自言自语,最后和衣倒在床上。

第二天早晨,12月21日,他开始写一封以"绿蒂,我已决定去死了"开头的信。

将近10点钟，维特让仆人把衣服刷干净，将行装收拾好；去把各处的账目结清，把借出去的几本书取回，给他每月都给予的一些人预发两个月的接济金。他吩咐把饭送到房里来。吃过饭，他骑马去法官家。法官不在，他便在花园里踱来踱去，似乎还要对以往的种种伤心事最后做一次总的追忆。

将近5点，他回到寓所，吩咐女仆在炉子里加足木柴，以便让热量一直持续到深夜。他叫仆人把书籍和内衣装进箱子，放在底下，再将外衣装入护套缝好。随后他在给绿蒂的最后这封信上大概又写了下面的一段：你一定没有料到！你以为我会听你的话，到圣诞夜才来看你。哦，绿蒂！要么今天见你，要么就永远不见！圣诞夜你手里就拿着这封信了，你一定会哆嗦，你可爱的眼泪将把信纸打湿。我甘愿这样做，我必须这样做！呵，我下了决心，感到多么痛快。

绿蒂的心情也是极度矛盾的。她感到她若是离开了维特，心里是会很难过的。她无意之间向阿伯尔说，维特在圣诞节之前不会再来。阿伯尔有事要到邻村的公署中去住一夜，便骑马走了。

绿蒂一个人在家孤独地坐着，眼睛仿佛蒙上一层阴云。

6点半钟时，她听见维特上楼，她的心剧烈地跳了起来。

"你违约了！"看到维特进来，她叫道。

"我没有约过什么。"维特答道。

"那您至少也该满足我的愿望呀，"她说，"我求过您要为我们两人的安宁着想。"

绿蒂的心很慌乱，弹钢琴曲也不成调，只好要求维特朗诵他翻译的古苏格兰诗人莪相的诗。

维特把诗拿到手中，全身一阵战栗。他坐下来，含着泪水，开始诵读那哀婉凄绝的句子。

听着听着,绿蒂也不禁潸然泪下。维特抛去诗稿,紧紧握着绿蒂的一只手,伤心地痛哭起来。他们在这古人的命运之中感受着他们自身的不幸。他们共同感受着,眼泪融而为一。绿蒂抽泣着请他再读下去。维特颤抖着拿起诗稿,断断续续地接着读道:

"春雨呵,你为何把我唤醒?你柔情缱绻地将我爱抚,并对我说:我要以天上的甘霖将你滋润!但是我凋谢的时日已近,狂风将来临,它将把我吹打得枝叶飘零!明朝有位行人,他见过我韶华时分,他的眼儿会在这原野中四处把我找寻,我可已是无踪无影……"

这诗的魄力完全压倒了维特。他失望到了极点,跪在绿蒂面前,用她的双手压着自己的眼睛。她的心好像突然预感到了不幸,她的神志昏乱了。她紧紧压着他的手,她心情忧郁而又深受感动,她向他俯下身来,两人灼热的脸偎依在一起,世界消失了……他伸手搂着她,把她紧压在胸上,将她贴在自己胸口上,并在她颤抖的嘴唇上印以无数个狂吻。"维特!"她声音窒息地喊道,"维特!"一面用无力的手儿把维特的胸部推开,"维特!"她冷静的声音里流露着高尚的感情。维特没有抵抗,把搂着她的手放开,茫然失措地跪在她面前。她站了起来,浑身颤抖,说:"这是最后一次!维特!你永远不要再见我了!"说完,她以充满爱意的目光朝这位不幸的人好好看了看,便奔到隔壁房间,随手关上了门。维特向她伸开双臂,但没敢拦住她。他倒在地上,一动不动地过了半个钟头。后来他站起来,走到隔壁房门前,低声唤道:"绿蒂!绿蒂!你只再说一句话!说一声'永别'!"她没有作声。他等着,又央求,又等着,她终于没有再说一句话。维特失望了,走时他喊道:"别了,绿蒂!永别了!"

这一夜,雨雪交加,他踱上了悬崖。但终又浑身透湿地回到家里。

第二天，他又去续写那封给绿蒂的信。他写道："哦，绿蒂哟！我先去了！去见我的天父，去见你的天父，我要向他告哀，他要慰抚我，等你来时，我再飞到你的面前，拥抱着你，在'无限'之前，在永恒的拥抱之中我与你永在。"

将近11点，维特问他的仆人，阿伯尔是不是已经回来了？仆人说，回来了，他看见他骑马过去的。他随即写了一张便条交给他，内容是：我打算出门旅行，把您的手枪借我一用行吗？祝您快乐！

阿伯尔当即答应了。绿蒂不敢把昨天晚上家中发生过的事情告诉他。——他又怎能体察他们？她取下手枪时，犹豫了一刻，心里惴惴不安，她预感到将有可怕的事情发生。

当维特听说枪是绿蒂亲手交给仆人的，心里喜不自胜，便把枪拿过去。他让人拿来面包和酒，叫仆人去吃饭，自己则坐下来写信。

维特最后一次去看了原野、森林和天空。晚上回来，给阿伯尔和威廉写了诀别信，又最后续完了给绿蒂的长信。

午夜十二点的钟刚敲过，维特手中的枪响了，子弹从左眼上部射入脑中，脑浆迸出，他倒下了，身着长靴、青色燕尾服、黄色背心。

桌上，一本《艾米莉娅·迦洛蒂》摊开着。

第二天正午，他断气了。当夜，他被安葬在他遗书中所选择的地方，没用一个僧侣伴葬。阿伯尔也没有来，他在看护绿蒂；她因为哀痛，正处在生命的危险之中。

以上便是《少年维特之烦恼》的主要故事情节。贯穿全书的主线是主人公维特的不幸恋爱经历。

【赏析】

《少年维特之烦恼》是一部影响强烈而又意义深远的小说。小说采用的书信体形式开创了德国小说史的先河。作品描写了维特跌宕起伏的感情波澜，在抒情和议论中真切、详尽地展示了维特思想感情的变化，将他个人恋爱的不幸放置在广泛的社会背景中，对封建的等级偏见、小市民的自私与守旧等观念进行了揭露和批评，热情地宣扬了个性解放和感情自由。维特的烦恼以至自杀，表现了个性自由与封建社会的尖锐冲突，唤起了人们对封建等级制度、伦理道德和种种不合理现象的憎恨与批判。尤其是通过主人公反抗社会对青年人的压抑，表现出一种抨击陋习、摒弃恶俗的叛逆精神，因而更具有时代的进步意义。这也是这部小说成为世界文学宝库中的瑰宝、深受各国人民喜爱而经久不衰的魅力所在。

这个故事，虽然是以歌德自己的痛苦经历为基础，但不能因此就确定这是一部狭隘的个人恋爱的悲剧。歌德塑造的维特人物形象，并没有照搬自己的生活经历，而是采取了典型化的手法，真真假假，虚虚实实。他深谙艺术创作之道，生活的素材一旦演绎成小说，就包容了作者的社会理想和审美情趣，并赋予了它时代精神，作品也就高于生活。《少年维特之烦恼》不是歌德的自传，维特不等于歌德，也不等于歌德加耶路撒冷。维特、绿蒂等人物形象已经成为文学画廊中不朽的肖像了。《少年维特之烦恼》表现的不是一个人孤立的感情和痛苦，而是整个一代青年的感情、憧憬和痛苦。小说主人公维特是18世纪德国进步青年的典型形象，代表了德国正在觉醒的青年一代。小说中的维特反对封建习俗，渴望真正的爱情，要求个性自由，并希望施展自己的才华和抱负。但他在鄙陋的环境、黑暗的现实中四处碰壁，不幸的爱情又给了他沉重的打击，只好以死来求得解脱。小说以浓郁的诗意和强烈的感情表达了维特的痛苦和憧憬。他的多愁善感和愤世嫉俗情绪，喊出了一代青年要求摆脱封建束缚、建立合乎自然的社会秩序和平等的人际关系、实现人生价值的心声。

维特出身市民阶级，他聪明能干，是公使馆的秘书，他具备在社会活动中施展自己才能的天分。他不仅代表了时代精神，而且代表了新时代青年人的才智。这就把维特塑造成一个伟大的象征性人物。但是围绕着他的社会环境却是那样恶劣。贵族们看不起他，庸俗的小市民是那么"奉公守法"，市侩们既自私又保守，看到维特在伯爵府邸受辱拍手称快。这一切，使维特厌恶、愤懑，感到异常孤独，只好把满腔热情寄托在绿蒂身上。当爱情遭遇尴尬时，他曾以巨大的力量把自己从恋爱的纠葛中解脱出来，但丑恶的现实却总是让他碰壁，在无望的爱情苦海中挣扎，最终因绝望而自杀。由此看来，维特走向自我毁灭的悲剧性结局，是有着深广的社会原因的。维特的悲剧源于内、外两个方面原因。

悲剧的内在原因是维特爱情上的失败导致了内心无法排解的矛盾以及他感伤、厌世的情绪。初识绿蒂，维特的心就被她"俘获"了，他爱她爱得刻骨铭心，恋情像凶猛的山洪，一发而不可收。随后他连续遭受三次沉重的打击，他产生了绝望情绪。

第一次打击：阿伯尔从外地返回，维特就从幻想中回到了现实。

第二次打击：维特和阿伯尔进行了一场关于自杀问题的争论。经过这次正面冲突，阿伯尔认为维特谈论的都是怪论，维特无论如何也说服不了阿伯尔，他情绪日益阴郁。

第三次打击：维特因与社会环境难融合辞掉公职，再次来到绿蒂身边，得知了绿蒂和阿伯尔结婚的消息，他仅存的一丝希望已经成了泡影，处境极为尴尬。

维特多愁善感的性格，强烈的感伤主义情调，是造成他悲惨结局的另一内在原因。他一味强调心灵感受，对人生厌倦，因而寄情于山水，他对月亮、大自然和音乐有着极其敏锐的反应，四季景物随他心境的变化而变换，我相诗歌中那无穷无际的旷野、劲风吹动的荒草、长青苔的墓碑、空中飘浮着的阵亡英雄和凋谢少女的亡灵——这一切使维特的心受到强烈震撼。处在这样的社会环境和文学氛围中，争取自由的精神和面对封建势力强大的社会现实，行动上无能为力，便把人生当作是可厌恶的负担。以此来作为对社会的抨击和反抗。

绿蒂尽管在感情上、精神上依恋着维特，但她不愿也没有决心和勇气牺牲自己的婚姻。在圣诞夜前夕，绿蒂的"这是最后一次！维特！您不要再见我了"这句话对维特的打击是致命的，他再也无力承受了，在圣诞夜给绿蒂写完绝笔信，于午夜12点开枪结束了自己的生命。

维特悲剧的外部原因是封建专制制度的束缚。维特曾想通过事业上的发展来摆脱爱情的失望所造成的心灵创伤。他到公使馆供职，周围的人处处因循守旧、虚文俗礼，公使对标新立异的维特很是反感。在等级森严追名逐利的官场和贵族社会里，人们空虚无聊，虚伪奸佞，尔虞我诈，他遭到了难以形容的冷遇和鄙视。维特又回到了绿蒂身边，更深地卷入情感的纠葛中而不能自拔。爱情的幻灭，事业的失败，使他看透了人生，看透了社会，他陷入了悲观绝望的深渊。

因为维特对于社会的反抗，自始至终没有超越个人的范畴，因此是孤立的、软弱的，最后只得以自杀告终。是德国社会容纳不下维特这个天才，是鄙陋的封建制度把他推向了毁灭的深渊。

维特的不幸经历，是通过个人的自由愿望与一个古老世界种种限制的冲突展开的。歌德利用书信体这一极为自由的形式，在议论和抒情中细致地揭示了维特全部思想感情的矛盾和发展，赋予了他的不幸恋爱以巨大的社会内容和悲剧意义，对封建等级的偏见、德国市民阶级的守旧性和自私性等做了揭发与批判。小说体现着狂飙突进运动的一切思想和精神，是那个时代的产物,所以恩格斯赞誉,歌德写了《少年维特之烦恼》,是建立了一个最伟大的批判功绩。海涅在《慕尼黑到热那亚旅行记》中写道:歌德给自然照了镜子,或者说得更确切些,他本身就是自然的镜子。维特这个形象的丰富性和深刻性,就在于他蕴含了18世纪下半叶德国社会的阶级内容和时代思潮,维特身上带着德国资产阶级软弱无力的深深的印记,使他成了反叛的受难者。

正因为维特是一个在重重封建压迫下觉醒了的青年,他代表着一种新的涌动的力量,传达出市民知识分子的思想感情,因此,小说产生了强烈的社会反响,掀起了维特热。小说在德国出版后,很快连印了16版,广为流传,被翻译成英、法、意等20多种语言。拿破仑在远征埃及时随身带着它,先后读了7遍。维特和绿蒂的形象也远渡重洋,闯进了古老的中国,被"画上了花瓶"。1922年,中国著名文学家郭沫若将《少年维特之烦恼》翻译成中文。在五四运动前后,这一作品得到知识青年的热情欢迎。至今这部小说仍受到各国读者的喜爱,已经成为经久不衰的世界名著。歌德在一首诗中,曾这样描绘过自己的小说所产生的广泛影响:德国人模仿我,法国人读我入迷,英国啊,你殷勤地接待我这个憔悴的客人。即使在今天,这部小说仍然能够促使人们加强对于现实生活中的封建残余的认识与批判。

但是,这部小说也曾经产生过消极作用。有的青年男女在争取婚姻自由的斗争不幸失败之后,也学着维特以手枪自杀来表示反抗,其中有些人甚至仿效维特死时身着的服装——"长靴,青色燕尾服,黄色背心",一时形成负面的"维特热"。

为使小说不再产生不良后果,歌德在1775年出第2版时加上《绿蒂和维特》序诗,郭沫若所译卷首诗的前四句置于上篇卷首,后四句放在下篇之

前。这首诗如下:
　　青年男子谁个不善钟情?
　　妙龄女郎谁个不善怀春?
　　这是人性中的至洁至纯,
　　为什么从此中有惨痛飞迸?

　　可爱的读者哟,你哭他,你爱他,
　　请在诽毁之前救起他的声名;
　　请看,他出穴的精灵在向你耳语:
　　做个堂堂的男子,不要步我后尘。

《少年维特之烦恼》小说采用维特致友人与绿蒂的书信以及他的日记片段的方式写成,近百封长短书简构成了一个完美的整体,每封信又犹如一首首优美的散文诗,将叙事、抒情、描写、议论融为一体,带有强烈的感情色彩。作者运用第一人称的书信体形式,面对面地向读者倾诉自己的遭遇、感受和情怀,富于逼真的现实感和强烈的感情力量,充溢着作者对美好生活的向往和对腐朽社会的控诉。人物刻画得细致入微,爱恨分明。小说中对自然景物的描写也十分出色,寄情于景,情景交融,是现实主义和浪漫主义相结合的著作。

《浮士德》

　　诗剧《浮士德》是歌德最重要的代表作,是歌德以毕生的精力完成的一部鸿篇巨制,在世界文学史上有着特殊意义和重大贡献。这部诗剧的创作贯穿了歌德的全部写作生涯，初稿始于1773年，第一部发表于1808年，第二部问世于1832年，其创作时间长达60年之久，是歌德全部生活和艺术实践的总结，是"一部灵魂发展史，一部时代精神发展史"。它与荷马史诗、但丁的《神曲》、莎士比亚的《哈姆雷特》并列为欧洲文学的四大名著。

【时代背景】

《浮士德》是歌德一生思想探索的概括性的、总结性的宏伟记录。从文艺复兴、宗教改革，直到"狂飙突进"运动，资产阶级思想已经觉醒。他们提倡人文主义精神，要求个性解放，主张人生的目的是追求现实生活中的幸福，反对愚昧迷信的神学思想，冲破禁欲主义和宗教束缚，正确理解客观物质世界。从18世纪后半期到19世纪30年代，历史事件纷至沓来，欧洲从封建社会进入资本主义发展的动荡、变革时代；启蒙运动在许多国家开展；北美脱离英国的殖民统治而获独立；法国爆发了资产阶级大革命；拿破仑雄霸欧洲10余年，最终惨败，欧洲成立了维护封建势力的"神圣同盟"。在这个世纪之交的转折时代，人们更多地要求了解自己的精神世界，具有了鲜明的反封建、反宗教神学、批判黑暗现实的精神，有着深刻、抽象的哲理思考和纯真自然的审美观念。歌德密切地注视着所发生的这些重大历史事件和新兴资产阶级先进知识分子思想的进程，思考着社会的发展和人类的未来，《浮士德》正是歌德的这种思想探索的艺术总结。

《浮士德》以16世纪德国民间故事《约翰·浮士德博士的故事》一书为素材，以文艺复兴以来的德国和欧洲社会为背景，写一个新兴资产阶级先进知识分子不满现实，竭力探索人生意义和社会理想的道路。浮士德这个名字在欧洲可以说是家喻户晓。德国历史上确有其人。据说他生于1480

年，死于1540年，是个地方学者，精通星象、算命术和点金术。他死后，德国民间产生了许多有关他的传说。传说中的浮士德是宗教改革时期德国一个跑江湖的魔法师，他为了换取知识同魔鬼定了契约，约期满后，魔鬼把他的灵魂带走。许多文学、音乐、歌剧或电影都是以这个故事为版本加以改编的。歌德幼年时就看过这类木偶戏，对浮士德的故事极为熟悉，一直怀着以它为素材进行创作的念头。为了呈现人的精神世界的发展，他从根本上改造了这些传说，对这个素材进行了全面深入的挖掘和发挥，对故事进行了许多突破性的创造，使其带有启蒙时期的时代特征，反映了以先进知识分子为代表的人民反对禁欲主义和宗教束缚，渴望了解身外客观世界，追求和认识人生意义和人生价值，赋予其以全新的意义。在歌德的笔下，浮士德是一个象征性的艺术形象，是资产阶级上升时期一个先进知识分子的典型形象，是人类命运的一个代表。通过浮士德自强不息、追求真理，经历了书斋生活、爱情生活、政治生活、追求古典美和建功立业五个阶段，高度浓缩了从文艺复兴以来德国乃至欧洲资产阶级探索和奋斗的精神历程。

《浮士德》是用多种诗体的韵文写成的一部悲剧，分两部，长达12111行的诗文。全剧没有首尾连贯的情节，而是以浮士德思想的发展变化为线索。歌德运用自己的智慧，极大地丰富了这个已有传说的哲学内涵。主要讲述了主人公浮士德为了寻求新生活，和魔鬼靡非斯特签约，把自己的灵魂抵押给魔鬼，而魔鬼要满足浮士德的一切要求。如果有一天浮士德认为自己得到了满足，那么他的灵魂就将归魔鬼所有。于是靡非斯特使用魔法，让浮士德有了一番奇特的经历，他尝过了爱情的欢乐与辛酸，在治理国家中显过身手，在沙场上立过奇功。还想在一片沙滩上建立起人间乐园……就在他沉醉于对美好未来的憧憬中时，他不由自主地表达自己得到满足。这样，魔鬼就将收去他的灵魂，在这时，天使赶来，挽救了浮士德的灵魂。

全书由一系列叙事诗、抒情诗、戏剧、歌剧以及舞剧组成，涉及神学、神话学、哲学、科学、美学、文学、音乐等方面内容。

《浮士德》分两部。第一部25场，未分幕，描写了浮士德的书斋生活、爱情生活，展示了他在"小世界"中遇到的求知困惑和爱情烦恼，是主观的世界。第二部分5幕，25场，描写了浮士德的政治生活、艺术生活和改造自然的宏伟事业，展示了浮士德在"大世界"中对创造客观的世界的社会理想追求，这是一个更高远、更广阔、更明朗、更有激情的世界。第一部前面有《献辞》《舞台序曲》和《天上序幕》。《献辞》是诗人的述怀，表示怀念旧友。《舞台序曲》表达的是作家的艺术见解和创作意图。二者与剧情均无直接联系。《天上序幕》是剧情的开端，天帝和魔鬼靡非斯特围绕着"人"展开了争执和赌赛。天帝对人充满信心，认为人在前进的道路上会疑虑、犯错误，不免走些迷路，但最终会走向正途。人类的前途是光明的。魔鬼靡非斯特持相反观点，他深信人类必然日益堕落，言论中对人类充满了鄙视，嘲笑人类为可怜的存在，自信能将浮士德引入迷途，使之堕落下去。这个争论，点明了全剧的基本主题和基本冲突，那就是人能否克服自身的矛盾和人的理想与现实的矛盾，实现人生的理想。这次争论引出中心人物浮士德，并点出全剧的主题：人生理想以及如何实现理想。天上的打赌，导致魔鬼在人间与浮士德的打赌，因而诗剧围绕魔鬼的引诱安排了浮士德对人生、社会理想的追求。

【剧情梗概】

在广阔的天庭，天帝正在召见群臣，仙官侍列。三位大仙出位，以宇宙浩瀚且变幻无穷的景象，颂扬天帝造化万物之功。

恶魔靡非斯特和往常一样来到这里，口中无一句称颂之词，反喋喋不休地发了一通议论。他认为，人世间非常悲惨，而且永恒不变；人只能终身受苦，像虫豸一样，任何探求都不可能有所成就。

天帝询问浮士德的情况。靡非斯特说他正处在矛盾和绝望之中：他野心勃勃，老是驰骛远方，他要索取天上最美丽的星辰，又要求索人间极端的放浪，总是不能满足。天帝坚信人在努力追求时总是难免迷误。但在"理智"的引导下，一定会意识到正途。

靡非斯特却提出和天帝打赌，自信能将浮士德引上魔路，陷于堕落，他根本不相信人类的"理智"。天帝应许将浮士德交与他，说，你尽可以使他的精神脱离本源，可是你终究会惭愧地服罪认输，一个善人即使在黑暗的冲动中，也终究会成功，进入"清澄"。本来，天帝造出魔鬼就是来刺激和推动人们发奋努力的，因为人们的精神总易于松弛，贪图安逸。

靡非斯特兴冲冲下凡去和浮士德会面，心里想着不能和他的关系闹翻。

第一部

陈旧的中世纪书斋，狭隘、沉闷。浮士德老博士不安地坐在书案旁的靠椅上。自叹大半辈子以来，埋头故纸残篇，中宵不寐，已把哲学、医学和法律，还有神学，都彻底地发奋攻读，到头来却是一事无成，是个可怜的愚人！不见得比从前聪明进步。既不能救世济民，也无财产和金钱，更无尘世盛名和权威。书斋如监牢，学智如桎梏，禁得他寸心焦渴，欲望难平。他渴慕投身宇宙，认识星辰的运行，接受自然的启示，沐浴自然之光，承担起世上的一切苦乐。他想钻研魔术，想通过神力和神口，将一些神秘揭穿；对于统一宇宙的核心有所分辨，去观察一切活力和种源。他翻开书，瞥见大宇宙的符记，顿时志爽神清，一股暖流涌遍全身。他意识到自己有揭开宇宙秘密的力量，感到自己与神灵相近。他希望依靠魔术的力量来求得"自然"的教谕。洋洋大观！唉！不过是一场美好的幻景。

正惊奇失望时，不受欢迎的弟子瓦格纳不宣而来。瓦格纳深信埋没个人的心灵情感，经由繁琐的经院哲学和语言学，就能沉浸在各个时代的精神之中，能理解透历代的精神和宇宙的奥妙。浮士德讥刺他的虚假愚顽和想法的荒诞不经，指出那些经过教会和统治者审查的书本，反映出的不是"历代的精神"，而只是学者们本身的精神。时代在其中得到反映，所以常常有不幸发生。但瓦格纳执迷不悟，埋头向羊皮古书中挖掘。

瓦格纳走后，浮士德更加感到自己处在尘俗的昏乱之中，无法超脱，无法到达真理的境界，寻得永恒的快乐。眼前是布满尘垢的书堆，空洞的髑髅，破旧的家具和暗淡的油灯。一切都毫无生气，一切都令人窒息！他想到了死，只有死才能够解脱自己。在人间无望，就到阴间去闯荡，那也是崇高的生存。他激动地倒出一杯毒酒，将它举到唇边，准备最后一次开怀畅饮。

突然，钟声和着圣歌自外传来："基督已经再生！"——复活节在晨曦中光临了！钟声和天使们的合唱，是他幼年听惯了的声音。往时在安息日的庄严寂静中，天恩降临，有种不可思议的美妙憧憬，这歌声宣布了青春时代的游乐，宣告了春祭日的自由幸福；这"天声"，猛地将"死"推开。它唤醒了浮士德的生命，他的希望在人间苏醒。

和煦的春光融化了冰雪，山林的翠绿驱走了残冬。快活的人群，熙熙攘攘，涌向郊外。浮士德和瓦格纳脱离暗淡繁琐的小天地，也混杂在欢乐郊游的人群之中。

浮士德的心中充满生机，真正的世界使他无限欢欣。瓦格纳讨厌人群中"人声、琴声"的"粗暴"，讨厌这种"欢乐"和"歌唱"。

农民们在菩提树下尽情歌舞，他们向浮士德敬酒，感谢他在瘟疫中搭救众生，制止住了瘟疫流行。群众的敬仰，让瓦格纳羡慕不已。但对浮士德来说，种种褒奖都好像是讥讽。他反省自己的炼金丹是在骗人，他感到世间是一片错误的大海，人们无法达到真理的彼岸。

落日西沉，白昼告终。浮士德希望自己有凌霄的羽翼，飞去将太阳追赶。他感觉有两种精神盘踞在他的心中：这一个"想"和那一个"离分"。一个沉溺在强烈的爱欲当中，以固执的官能贴紧凡尘；一个则强要脱离尘世，飞向崇高的先人的灵境。他希望有一件魔衣，引他去寻求那新鲜而绚烂的生命。瓦格纳的快乐是"从此书飞到彼书，从此章飞到彼章"，把自己埋在故纸堆中。他劝浮士德不要惊动妖魔，因为它们潜伏在四面八方。

浮士德发现一只黑色的卷毛犬在田间逡巡。那狗向他们跑来，浮士德将它带回书房。这狗正是天上降下来的恶魔靡非斯特变成的。

回到书房，夜已降临。浮士德毫无睡意，一天的游乐并未给他以满足，爱人之念顿生，爱神之念发扬。他打开《圣经》来翻译，希望从那神圣的经文中寻求启示。他写下第一句，先译成"泰初有道"（开始时是观念），认为不妥，接着改译为"泰初有心"（心——绝对精神），但即刻又觉得不妥。反复斟酌，最后，译成"泰初有为"（开始时是行动）。他感到无比称心！

黑犬在一旁却不安静，它咆哮着，变得又长又大，站立起来，现出了恶魔的原形。浮士德毫无畏惧，他念起咒文，但是所有的咒文和火焰都不能够伤害它。它化形为一个书生，走来与浮士德相识。他告诉浮士德，他是"否定的精神"，"恶"就是他的本质，他要用洪水、暴风、地震、烈火各种灾殃与自然的权威抗衡，到头来海与陆依然无恙。他要毁灭一切，包括人类，但是生命的胎芽不停地在四处生长。浮士德怒斥，你胆敢用冷酷的魔拳，对抗这永恒不息，枉自了你的摩拳擦掌。靡非斯特意欲告辞，但是门上的避魔符咒阻碍了他的通行。他哀求浮士德揭去符咒，浮士德认为捉魔岂可轻放，他要叫靡非斯特陪他消遣。诡计多端的靡非斯特以变戏法为名唤来精灵，让它们围绕着浮士德婉转歌唱。优美动听的歌儿将浮士德引入幻景，引入甜蜜的梦乡。浮士德睡着了。靡非斯特又叫来老鼠、苍蝇、青蛙、臭虫、跳蚤，命令它们咬掉了符咒的一个角。他得意地走出了房门：浮士德一觉醒来，以为是幻梦一场，却发现卷毛犬不见了。

第二天，高贵绅士打扮的靡非斯特来到浮士德的书房。浮士德向他诉说狭隘的尘世生活的苦闷：早晨醒来，白白一天时光不能实现任何希望，连欢乐的预感，也被顽固者批评，有千百种丑恶的人生现实，阻碍了创造的兴致；黑夜降临，又不得不忧心忡忡地就寝，还不得安宁，常常被噩梦侵扰。他宁愿死也不愿意过这种安贫守分、无所作为的生活。但死也要死得痛快，"或者是死在阵上头戴血染的荣冠，或者是狂舞之后抱着姑娘的手腕！"靡非斯特故意提起他手举毒酒却又不敢倾饮的往事，激起他一腔愤怒：甘美的歌声本来可以给人希望，却原来只给人以迷人的幻影。他把现世的一切都诅咒个遍，诅咒葡萄美酒、崇高爱恋，诅咒希望、信念，尤其诅咒万事以忍耐为先。靡非斯特乘机劝他去寻取欢乐和事业，从这孤僻的生活走进广大的世界，并说愿意与他一起，共同去经历人生。靡非斯特并提出愿意与他签订契约：今生做他的仆人，做他的伙伴，为他解除愁闷、寻欢取乐，使他得到满足。同时契约还要约定：在浮士德表示满足的一瞬间，奴役关系便解除，浮士德反为恶魔靡非斯特所有，来生便做恶魔的仆人。浮士德根本就不相信有"来生"，他毫不犹豫地同意了这个契约。他相信自己永远不会在享乐中满足。他说，假如我对某一瞬间说，

"你真美呀,请停留一下!那你尽可以将我枷锁!我甘愿把自己销毁!那时是我的丧钟响了。"他们击掌立下字据作证。浮士德已厌恶一切枯燥的知识,他渴望纵身跃进时代的潮流,在感观世界的深处沉浸,追逐事变的旋转,要领略尽全人类所赋有的精神,将全人类的苦乐堆积在心上,将"小我"扩展成全人类的"大我",只有自强不息,才算堂堂男子汉。靡非斯特却在劝诱他及时行乐。

这时,一个学生前来拜见浮士德。浮士德避开。靡非斯特穿上浮士德的长袍,伪装成博士来接见。这青年怀着满腔的热诚,恳请先生收为弟子,希望自己成为一个下知地理,上晓天文,既探讨自然,也研究学问的饱学书生。靡非斯特教他先学逻辑,抛弃个人的主张与精神,一切遵循逻辑的推理方式。其次应该研究玄学,这虽不适合于人的头脑,不管是否理解,一章一节都要记入大脑。玄学也能叫你深刻领悟。学生说他不喜欢法律。靡非斯特说这不足为怪,法律和制度像遗传病一样世代承袭,有理变无理,恩德变罪愆,就是不给人们天赋人权。学生说他很想钻研神学。靡非斯特告诫他,这门科学,很难避开邪路,其中隐藏着许多毒素,容易和药物鱼目混珠。学生又问到医学。靡非斯特告诉他,医学的精神最容易把定,不管你研究得多深,到头来还得要听天由命。只要能捉住机会,就是内行,能够自信,别人就会信你,重要的是要有学位,这样就等于抬高了技能。给女人送去媚眼,只要不过于轻佻,马上就受欢迎。他教导学生,一切理论都毫无光彩,只有人生才是常青的金树。这学生不能理解这一番"教导"的真谛,只好带着懵里懵懂的脑袋离去。

学生走后,靡非斯特把黑色外套变成一朵浮云,载着浮士德和自己去云游世界。

他们首先来到莱比锡城的奥尔巴赫地下酒店。靡非斯特要让浮士德看看这充满"快乐"的世俗生活。

酒店里,一群大学生正聚在一起,饮酒作乐,玩些无聊的把戏,唱些无聊的歌曲。靡非斯特加入了他们的阵营。要说胡闹,靡非斯特是最在行的。他给众人唱了一首滑稽的跳蚤歌。大意是:古代有一个国王,养了一只大跳蚤,那国王十分宠爱它,命裁缝为它做了一身官服,还配上十字勋章,跳蚤即刻做了丞相。可它却不安分守己,朝上一应大小官僚,还加上女王妃嫔,个个都受它毒刺的骚扰,又不敢加害于它。歌词最后以"若有跳蚤咬咱们,立即搯死不轻饶"结尾。歌罢,众人拍手叫好!靡非斯特又耍个花招,在桌子边上钻出洞来,每个洞里都流出了每人想喝的美酒,众人狂笑狂饮。浮士德可不感兴趣,这些低级荒唐的把戏和享乐使他不胜厌恶,他急着要离去。这时,一不留神,酒洒到地上,立刻化为火光。众人受骗,各持小刀杀向靡非斯特。靡非斯特不慌不忙,耍出个魔术,让他们在幻景中各抓住他人的鼻子欲割。等他们清醒过来,靡非斯特与浮士德早已离开。

浮士德急切地想返老还童。靡非斯特告诉他,想变年轻,要么去田野劳动,要么请教妖魔。浮士德已经不习惯劳动生活,虽厌恶魔法也只好来领取魔汤。他们来到魔女之厨。在一矮灶上放着一口大锅,下面生着火。锅内升起的热气中呈现出各种幻影。一只长尾母猿坐在锅旁搅拌以防溢出。公猿偕小猿等坐灶旁取暖。靡非斯特一来就把众猿猴引得玩耍嬉笑。

不一会儿,魔女自烟囱降下回来了。靡非斯特降服了她。她遵命念起法咒,作起法来,拿出一杯最好的灵药,送至浮士德唇边,药中发出一道轻微的火焰。靡非斯特催着浮士德将药饮下。浮士德顿时青春激荡。

青春焕发的浮士德走在街头。美丽的少女玛甘泪由教堂回家,从他身边走过。他提出要挽着手儿送她一程。他的要求遭到拒绝，矜骄端庄的玛甘泪挣脱而去。

浮士德神魂摇荡，他要靡非斯特赶快去把玛甘泪弄来。靡非斯特没有立即从命。浮士德马上提出：如果今晚得不到玛甘泪，就要和魔鬼一刀两断。这一着棋真厉害，靡非斯特连忙应许，但要求浮士德将限期稍缓。他答应今晚将浮士德带到玛甘泪房中，让他在那香闺中把未来的希望尽情玩味。浮士德又向靡非斯特提出要准备些礼品，靡非斯特应承去采办。

玛甘泪回到家中，边梳头边自语："今天那位先生真够英俊，一定是出自高贵的家庭，要能认识他该多好！"她梳好发辫，走出屋门，到邻居家去了。浮士德由靡非斯特引导着，来到这小巧的房间。他环顾四周，屋子被收拾得干干净净。一件件清洁整齐的家具充满着一种圣洁的气息。这气息逐渐接触到浮士德的感官，浸进了他的心胸，使他赞叹。相形之下，浮士德对自己的邪念和举动感到了羞愧和内疚。他退出了屋子，希望永远不要再进来。

靡非斯特临走前，把一个小匣放在衣柜里。浮士德犹豫着，但还是听从了靡非斯特的安排。

玛甘泪回到房中。她感到了屋子里沉闷的空气，觉得心神不定，有一种不祥的感觉。为了驱除这莫名其妙的异感和恐惧，她边脱衣服边哼起了歌儿。这歌是颂扬一个古代的国王忠实于爱情，至死方休的故事。

玛甘泪打开衣柜，瞥见了一个宝物匣子，打开一看，不由得惊叫出声，多么精美的首饰啊，她从不曾见过。她佩戴起来，走至镜前，镜中的容颜立即改观。看自己年轻又漂亮，不禁哀叹，只因无钱的缘故，还不是遭冷落？

从玛甘泪房中回来，浮士德深有感触，他来回踱步，默然深思。靡非斯特向他走来，怒气冲冲地告诉他，他们送给玛甘泪的首饰，都被玛甘泪的母亲送给了牧师。那牧师一见宝物，便满心欢喜说，信女们功德无量，能消化不义之财的只有教堂。母亲笃信宗教，认为不义之财会迷人的灵魂，耗人的血液。玛甘泪昼夜思念着那首饰，更思念赠送首饰给她的人。

浮士德急命靡非斯特再去寻一副新的首饰，还要将她的邻居勾搭。母亲管束这样严，只有邻居家是好地方。

邻居的主人叫玛尔特，丈夫外出一去不返，只苦了玛尔特在家独受凄凉。没有丈夫的死亡证，她又不能再嫁，自己很是悲伤。

这时，玛甘泪来到玛尔特家，告诉她自己的衣柜中又发现了一个更好的首饰匣子，里面的宝物也更多。玛甘泪没有把这事再告诉母亲。玛尔特为她妆饰，称赞她的福气不小。玛甘泪多么想在大庭广众之下将它们炫耀，可又没有胆量佩戴它上街。玛尔特叫她每天来，在这穿衣镜前快乐欣赏，以后可以逐渐地向外人显露。玛甘泪感到事情有些奇怪，不知两个匣子究竟是谁送来的。

这时，靡非斯特伪装"传讯人"登门来访。他告诉玛尔特，她丈夫已客死他乡。玛尔特心中高兴，眼中落泪。她急忙询问起丈夫的死状，为的是好知道丈夫可能留下的财产。丈夫的死亡证明书还未到手，玛尔特跟"传讯人"眉来眼去，已是臭味相投。玛尔特希望有一张丈夫的死亡证明书，靡非斯特说只要有两个人的口证，就常常可以证明事情是真。我还有位漂亮的伙伴，你可以请他为您去上法庭。让我带他来见见夫人，希望这位姑娘也光临。玛尔特和靡非斯特约定今天晚上，在舍下后花园中等候二位光临。靡非斯特兴高采烈，回来向浮士德禀报：他与淫荡妇人已勾上，浮士德与玛甘泪的幽会也安排妥当。只要写一张证明，证明她亡夫的遗骸，埋葬在帕多瓦墓地，便一切就绪。浮士德欢喜异常，叫赶快起程前往帕多瓦。靡非斯特说：何必多此一举，随便写个证据，不必知道实情。浮士德骂靡非斯特是个骗子。靡非斯特也不示弱，他揭露浮士德过去对上帝、世界及其间的纷扰，也都是说谎造假；你今晚又要去对玛甘泪"海誓山盟"，去欺骗那可怜的姑娘。浮士德不承认后一个罪名，他分辩说他的爱情是一团炽热的火焰出自内心，是永恒的。他们谁也说服不了谁，只好作罢。

晚上，浮士德和靡非斯特如期来到玛尔特家中。在花园里，浮士德手挽着玛甘泪，靡非斯特陪着玛尔特同在园中来回散步。玛甘泪心中顾虑重重：自己出身卑下，手脚粗糙，像您这么经验丰富的人，我谈吐浅陋，不会让您感兴趣，我如何配得上大家公子？她猜想浮士德一定有许多的朋友，个个出身高贵，聪明过人。浮士德尽力宽慰她，告诉她世人所说的聪明，只不过是浅见和虚荣。凡是纯洁，凡是天真，永远不认识本身价值的神圣。凡是克己，凡是谦逊，那才是大自然慷慨赋予的无上珍品。只有那单纯无垢，谦恭卑己，自己不知其神圣的人，才具有最高尚的精神。玛甘泪的心放宽，她向浮士德谈起她的家庭生活：狭小的生活天地，琐碎的家务事，劳累中有无限的幸福和乐趣。她回忆起死去的小妹妹，她曾经为她日夜操劳，爱她像爱自己的女儿。他们又谈到第一次见面时的情景。玛甘泪告诉浮士德，在不知不觉中，自己春心已动，却又怕自己的举动显现出没有家教的样子。可是我又深自懊悔，为什么不更多地把您怪罪？

走着走着，玛甘泪突然摘下一朵花，将花瓣一片片地摘下，原来她是在算命。她算出的结果是浮士德爱她，她高兴万分。浮士德趁机向她表示永恒的爱情，握住她的双手。玛甘泪紧握一下后，跑开。浮士德沉思片刻，随即追去。

他们俩在说爱时，玛尔特与靡非斯特也在谈情。

玛甘泪跑入亭中，躲在门后，用指尖按在唇上，从门缝中窥视。浮士德追来，捉住她。她倒入他的怀抱，向他表白了爱情。

天色已晚，两对男女不得已双双分手。玛甘泪的心中充满了激动和喜悦。

然而浮士德并不愿意陷身于琐碎庸俗的小家庭和小情感中，他对心灵的激动和骚扰感到了烦腻。他去到幽林深处，在那里，他感受到大自然的魅力，领略到崇高的心境的平和。静乐之时，他感觉自己与大自然融合了，与诸神相近了，心中洋溢着神圣的情感。他讨厌与他身影不离的恶魔，憎恨恶魔在他胸中煽起一团烈火，对那美丽的肖像不断迷恋，使他自卑自侮、纵欲贪欢。

可是，正当他沉醉自省的时候，靡非斯特又翩翩来临。他嘲笑浮士德未脱书斋博士的臭味，讥讽他追求的是一种超世俗的满意，只是在想象中求安慰，自欺欺人而已。气得浮士德大叫"岂有此理"。但恶魔岂是等闲之辈，他慢悠悠说出一段话，马上又将浮士德的心带进了尘世的欲念。他向浮士德叙述玛甘泪在家渴望心爱的人，度日如年，终日站在窗边，昼夜唱着："假如我是一只鸟儿，相思的苦味始终依然。"浮士德深知不应该对玛甘泪的肉体再起贪心，他希望只将爱情保留在圣洁的精神状态上。然而他抵御不住魔鬼的诱惑，他的心中又迸出了火花。他一边说着"她的命运要在我身上破灭，我同她一起归天"，一边又急急地赶去会玛甘泪去了。

正如靡非斯特所说，玛甘泪用少女全部的真诚、热烈的感情爱上了浮士德，爱得疯狂。她日日夜夜盼望着他的到来，甚至想不顾一切地去找寻他，甘愿死在他的怀抱中。

他们终于又见面了，在玛尔特的花园中。玛甘泪希望浮士德也信仰宗教，浮士德却回她一通泛神论的道理。他说自然中到处有神，一切事物都有它自身的规律性，没有在自然之外的神。他说："感情便是一切；名号只是些虚声，好比笼罩日光的烟云。"玛甘泪并没有真正理解这段话的含义，反把它与牧师说的话混淆了。玛甘泪深情地爱着浮士德，可打心眼里憎恶他的伙伴靡非斯特。凭着纯洁美好的心灵，她意识到靡非斯特是魔鬼的化身，他会将他们俩引向堕落。可她不知浮士德与魔鬼有着契约。

为了能在家中共度良宵享受爱情的欢乐，玛甘泪接受了浮士德的建议，用安眠药使母亲沉睡。

第二天早上，玛甘泪去打水，在井边碰到了女伴黎誓心。黎誓心告诉了她少女白婢儿的事情：白婢儿结识了一个有钱的男子，跟着他尽情享乐，把少女的贞洁献给了他。那个男人玩弄够了，就抛下她跑掉了。白婢儿现在只能穿着罪人的衣裳去礼拜堂忏悔。将来即使出嫁了，丑名声也是永远伴随着她。黎誓心幸灾乐祸地说着，而玛甘泪的心中却充满了同情。现在自己也已失身，但她并未在白婢儿的遭遇中照出自己的影子，也并未清醒过来，在回家的路上，她仍然为良宵的欢娱而欣喜。

谁知前一天晚上安眠药用得过多，母亲竟一睡不醒，离开了人间。

玛甘泪无意之中杀死了自己的母亲，她悲痛万分。这痛苦日夜煎熬着玛甘泪的心！她日日悲哭，夜夜失眠，又不能够向任何人诉说。清晨，她采来一束鲜花，来到城墙壁龛里的一尊圣母像前，插在圣母像前的一对花瓶里，以悲痛和忏悔的心情向圣母哭诉了她的苦难和罪过，祈求圣母伸出慈悲的手，把她从死亡和耻辱之中拯救出来。

玛甘泪害死母亲的丑闻已经传遍市镇，昔日的"花中之王"，如今处处被人鄙视。

玛甘泪的哥哥瓦伦廷是个军人，听说这个消息，夜里往家赶，一路走来一路想，越想越气愤，越想越恼火。

浮士德在靡非斯特的陪伴下，再次前来与玛甘泪幽会。然而他也失去了昔日的兴致，在这茫茫黑夜中，觉得心中也是一片黑暗。靡非斯特却依旧是兴致勃勃，还哼起了下流小调。

在玛甘泪家门前，他们遇上了瓦伦廷。瓦伦廷一肚子火气，挺身向他们挑战。浮士德在靡非斯特的唆使和帮助下，拔剑刺倒了瓦伦廷。

瓦伦廷倒下了，人们围上来。瓦伦廷临死前，他向玛甘泪预示了她将遭受到的悲惨的命运："你已经失去了贞洁，而且只能在这条娼妓路上再走下去；生下的私生子即使不被人杀死，也将被人看不起；一切正派市民，都回避你，如同回避传染的死尸。倘若他们正眼看你，你心中便会不寒而栗！你不配戴黄金的项链！不配站在教堂的圣坛旁边！你只能在阴暗的栖流所里辗转躲在乞丐和废人中间，纵然上帝饶恕你的罪孽，你也会永远受世上的非难。"

哥哥的话像针一样刺进了妹妹的胸膛，她忍不住惊叫起来："哥哥！多么苦命呀！"

她和众人一起来到寺院礼拜。怀着恐惧，她想着母亲的惨死和即将出世的私生子。种种思绪像恶魔一样缠绕着她、胁迫着她，她挣不脱这精神的枷锁。教堂里的唱诗班在高声唱着：当世界的末日到来的时候，上帝将审判众生，所有隐瞒着的事情都会被揭露出来，没有任何罪恶能逃脱上天的惩罚。到那时候，犯罪的人，你能到哪里去寻求庇护呢？——这可怕的末日审判，更使玛甘泪的灵魂战栗、惶悚！无形的恐怖压迫着她的心，她想喊，喊不出，想逃，又无处逃，终于昏倒在地。

可正当玛甘泪被痛苦包围的时候，浮士德却无忧无虑，与靡非斯特一道，去赴瓦尔普吉斯之梦夜会去了。

浮士德心花怒放，无限快活。春意在白桦树中扬波，连枞树也感到春的气氛。靡非斯特没有这种感觉。他叫来一朵磷火，让它给他们带路，他们一同向山顶登攀。美好的自然风光，令浮士德惊叹不已，心旷神怡。

赶来赴会的魔女魔男一路上络绎不绝，喧嚣的歌语声在山谷中回荡，真是一个魔鬼的花花世界！

夜会上，一些人围着两团残灰冷火在发泄对社会的不满，感叹自己命运的不济。靡非斯特变形为一个老人，插进来发议论，说世道衰落都因为"酒"的缘故。

浮士德发现一老一少两个舞女，他和靡非斯特近前去，一人邀一个，跳起舞来；互相之间一边跳舞，一边调情作乐。浮士德在夜会中目不暇接，神迷意夺，依稀可见那边遥遥地站着一个苍白而美丽的年轻女人，她行步艰辛，双脚似乎被铁镣锁定，很像善良的玛甘泪。靡非斯特说，那是个幻影，没有生命之物。

夜会上又拉开了新的一幕——奥伯龙与蒂妲妮娅的金婚仪式。奥伯龙是空中小魔鬼之王，蒂妲妮娅是他的妻子。

这对老夫妇介绍经验：两夫妻如想保持和睦，就必须天南海北，远远分离。

金婚庆贺，盛大异常。苍蝇、蚊子、蟋蟀、蜘蛛、蛤蟆、草袋笙，还有它们的亲眷们，叽叽喳喳闹嚷嚷都来祝贺。社会上各种人儿都到会，妖魔鬼怪也光临。大家都极力表现自己，排挤他人，乌七八糟，南腔北调，丑类聚集一堂，一场货真价实的杂烩大合唱。

朝霞微现，天将放光，这群魔鬼乱舞的夜会才告收场。

夜会告终，淫乐已毕，靡非斯特这才告诉浮士德，玛甘泪已身陷囹圄。

这消息啊，像一阵狂风，掀起了浮士德心中的巨浪。它唤醒了浮士德所有的怜悯之心。

他想到玛甘泪遭到的灾难，狂怒地诅咒靡非斯特背信弃义，斥骂他连狗都不如，并把近来的一切狂欢都推到靡非斯特身上，恨自己怎么会与这种人交往。然而，任凭浮士德暴跳如雷，靡非斯特却是露齿嬉笑，神色泰然。他意味深长地提醒浮士德："这样的人不仅她一个啦。"并用一句又冷又硬的话来回答他的愤懑："是谁使她堕落的？我吗？还是你？"气得浮士德怒目而视，无言以对。

但是浮士德仍然坚决要求去救玛甘泪，即使冒着生命危险也要去。靡非斯特无奈，也只得答应，引他前往。

他们飞马扬鞭连夜赶到监狱。靡非斯特把门禁迷昏，浮士德盗得钥匙，开了牢门，怀着惭愧的心情走进牢房。

玛甘泪已经神经错乱了。她把浮士德当作是来提她上刑场的刽子手。她朝他跪下哀求，她疯疯癫癫地说，让自己多活些时候，等到明早，天不亮，要先给婴儿喂喂奶。又谈起被她自己溺死的儿子。她看到地狱在沸腾，恶鬼狰狞，以可怕的愤恨，发出震耳的嚣声，那是她将要去的地方。

看到玛甘泪这情景，浮士德心中更是悲痛万分。他高声唤起玛甘泪的爱称。这声音将玛甘泪从恐怖的地狱喧嚣声中唤回。半清醒半昏沉的玛甘泪欣喜若狂，她扑向浮士德，就像扑向救星。她拥抱着他，迫不及待地去吻他——没想到啊！她接触到的，是一个冷冰冰的嘴唇。昔日的爱情已经烟消云散！

浮士德急切地催促玛甘泪出狱，可是玛甘泪不愿意走。她深知自己药死了母亲、溺死了儿子，是有罪的，到处是天罗地网。逃出去又有什么用？而且良心上还负着重创。社会对她来说，本身就是一座大监牢。她嘱

托浮士德给妈妈坟墓找最好的地段,哥哥就在妈妈的身边,我的稍远一点儿,把婴儿放在我右方胸前,此外不许任何人在我身边。

任凭浮士德怎样劝逼,都无济于事。

天快亮了,死亡就要来临了。玛甘泪虔诚地跪下,向上帝伸出了双手:"天父啊!救救我!我是你的!天使啊,列位神灵,请环立在我的周围,把我护庇!我皈依你!"

她心甘情愿地服从了上天借法律之手给她的判决。天帝因此就赦免了她的罪愆。

靡非斯特冲进来,不顾一切地把悲痛欲绝的浮士德拖了出去……

第二部

这是一片风光明媚的地方,那是阿尔普司山麓。黄昏时分,浮士德侧卧在百花烂漫的草地上,疲乏,不安,昏昏欲睡。

鲜花如雨,纷纷飘洒人间,田原绿遍,喜看万类争妍,无数的精灵在空中飞旋,姿态轻盈,载歌载舞,平息浮士德心中的无边愤懑,解除他对往事的恐惧纠缠。让他酣睡欢畅,内心清澄。

浮士德一觉醒来。没有一点罪孽之感,往事都已忘却。生命的脉搏在他周身鲜活地跳动,大自然将他拥抱。太阳高悬在苍穹,飞溅的瀑布在重岩叠嶂上奔腾。他领悟到,人生就在于体现出色彩缤纷,一种坚毅的决心鼓舞着他,他要向新的生活高峰飞跃。

紫禁城内,金銮宝殿,皇帝上朝。他问,贤臣已经在我的身旁,怎不见弄臣?前任弄臣酒醉,被人抬了下去。靡非斯特迅速补了弄臣的差位。

皇帝要抛弃一切忧虑,举行化装舞会,寻欢作乐,对大臣们要求上朝议事十分不高兴。

宰相先启奏:国中邪恶流行,偷盗抢劫成风。法官又枉法贪赃,良民被判有罪，罪犯逍遥法外。普天下人都在受苦受难，这样会断送陛下的锦绣江山。

兵部大臣奏道：如今是乱世纷扰，国库拿不出军饷，雇佣兵闹得不可开交，士兵本应当保卫国家，却任其抢劫和骚扰。市民躲进城濠，骑士盘踞碉堡，民众手持武器抗拒官兵，打风遍天下，无法收场。

财政大臣奏道：各联邦都各自称霸，不肯交纳贡赋，不肯将朝廷依傍。朝廷权力衰竭，财源闭塞，人人都在搜刮、聚敛和储藏，而国库却已耗得精光。

宫内大臣奏道：宫廷费用天天上涨，无钱偿付，弄得今年吃掉了明年的粮，床上的羽褥押进了典铺，餐桌上吃的是赊欠来的食物。

人人诉苦，个个忧伤，唯有弄臣靡非斯特高颂皇威浩荡：陛下君临万方，强大的武力足以消灭抵抗。加上仁德、睿智与奋发图强，文治武功相得益彰，哪会有灾殃？就这样靡非斯特轻而易举地博得了皇帝的欢心。

弄臣与钦天监，两个近臣，在殿上一唱一和，诳称地下到处埋着黄金，还胡诌出一番天象。几句话，说得大臣们心痒痒，说得皇帝手痒痒。奸臣又启奏，要想掘出财宝，必须先行乐。皇帝要大家快活地消磨光阴，普天同庆。华丽的宫廷上，摆开跳舞场。

化装舞会开始。这下宫廷上热闹非凡。

最先到场的是女园丁，手拿花儿来叫卖：各种各样的花儿呀，美丽又鲜艳。跟着又来了男园丁，拿着果子卖：各种各样的水果呀，合口又合心。

母亲教女儿，机会勿错过，快把手腕施展出，将那贵人儿勾上。

年轻美貌的女子接踵而来，渔夫、捕鸟者也陆续到。男女互相挑逗，其乐无穷。樵夫们上场，暴躁粗犷。滑稽家、逍遥子又笨又呆地来逗乐子。食客们走上场,胁肩谄笑来捧场。还有那酒鬼醉汉子,胡言乱语现癫狂。

自然诗人、宫廷诗人、骑士诗人、讽刺诗人、夜的诗人、墓穴诗人,温柔派、热情派,大家争相朗诵,排挤他人互拆台。

传宣使,听调派,唤出希腊女神来。光辉女神、统驭女神、快乐女神,剪丝女神、缫丝女神、理丝女神,不休息女神、猜忌女神、复仇女神,女神真是不少!她们个个开口发"高见",各有各的人生哲学,各有各的处世之道。

一座象山向前移来,周围环绕着女郎。她们是病态的"疑惧"和梦幻的"希望"。另外还有一个名叫"智慧",她崇尚胜利女神,因为那女神在安逸中,追求着荣誉的毫光。

佐伊洛·特尔西特斯来了,他高兴把正的说成邪,把邪的说成正。被手杖一顿击,现出原形来,原来是两个东西的合成——老鼠和毒蛇。

舞会上真是五花八门的人儿,戴着五花八门的面具。传宣使看守大门,小心翼翼,生怕有妖怪来兴风作浪。

突然间,人群里冲出一部四龙车,车上坐着两个人:美少年驾车童子,还有财神爷普鲁都斯。驾车童子用手指一弹,弹出了无数的金银和财宝。好多人在你争我夺,到手里才知道都是些小虫子。人们这才看到,车身后还蹲着一个小瘦人——吝啬神。四条龙露出狰狞相,吓跑了众人。普鲁都斯从车上下来,搬下了箱箱黄金。驾车童子驾着车子离去。

普鲁都斯打开箱子,一箱箱的黄金露出来,一串串的金币滚出来。不要命的人群把箱子围住,疯狂地抢啊,抢个不亦乐乎。普鲁都斯手执传宣使的烧红手杖,一下子把众人赶光。

这时一群"小神"蜂拥着"山林之神"潘恩走来,潘恩是皇帝装扮,被一群乌合之众团团围绕。其中有风流公子，清高显贵，忙碌的庸人，暴发户，蛮横的卫兵和逢迎拍马的文人。

正当众人狂歌乱舞、肆意作乐之时，突然，一场大火烧了起来，把皇帝包围。众人都来救火，没有一人不被烧伤，火焰反而愈来愈高。眼看帝都的豪华一夜间就要化为灰烬，普鲁都斯挥起魔杖，熄灭了烈火。

天亮了，旭日东升。皇帝对化装舞会十分满意，靡非斯特一番话捧得他更加高兴。舞会上发行的大量钞票，解救了财政的危机，国家又出现了繁华景象。浮士德与靡非斯特的丰功，赢得皇帝的器重。小臣们得钱欢天喜地，只有那酒坛子弄臣聪明，他说道："今晚上在梦里做了一个大老板！"

浮士德突然把靡非斯特拉进阴暗的走廊，靡非斯特莫名其妙。原来浮士德有事要和他商讨：皇帝异想天开，想见古希腊美人海伦和美男子帕里斯。海伦是希腊传说中的美女，相传她是斯巴达国王梅纳劳斯的妻子，特洛伊王子帕里斯去斯巴达做客，将她拐走，引起了特洛伊战争。战争进行了10年，最后，特洛伊人战败，斯巴达人毁了特洛伊城，将海伦夺回。浮士德求助于魔鬼办这桩事情，靡非斯特交给浮士德一把钥匙。这钥匙在浮士德手中逐渐大起来，光辉灿烂，它带着浮士德去到神的境界。浮士德要趁神们不注意，携回来一个烧红的宝鼎。

在皇帝的宫廷里，皇帝急等着海伦的到来。

霎时间灯火暗淡，出现了古式的骑士厅，一切装饰都是古时模样。

皇帝与宫廷大臣们都聚集在厅中。传宣使宣布演出开始。喇叭声起，墙壁自动裂开而向后回转，一座深邃的舞台出现，又显现出一座十分庄严宏伟的古代寺院。

浮士德头戴花冠、身披法衣和一座宝鼎从前台的另一边升到地面。灼

热的钥匙刚一接触到宝鼎,雾气立即笼罩全厅。雾气悄悄袭来像浮云一般,延伸、凝集、缭绕、交错而又分散,云雾变幻,乐声随起,仿佛整个宫殿都在歌唱。

雾气下沉,从轻纱里面走出一位美少年,他就是英俊少年帕里斯。俊俏的模样立刻引起贵妇人的赞叹。他躺在地上,手枕着头,进入了梦乡。海伦出现了。——绝色美人!女人们个个嫉妒在心,男人们个个神魂颠倒,浮士德更是销魂忘形。

海伦娴娜身材曾在魔镜中出现,所有的激动,全部的热情,还有倾慕、爱恋、痴心和崇敬向她献呈。海伦俯下身去吻帕里斯。帕里斯醒来。他们开始表演恋爱的经过。

不想却引发了浮士德极大的醋意,他迷恋海伦,嫉妒帕里斯。他再也忍耐不住了,冲上前,将魔术的钥匙触到帕里斯身上。精灵们都爆炸了,化为烟雾消散。浮士德自己也昏倒在地,失去了知觉。靡非斯特只好自认倒霉,将浮士德背回中世纪书斋。

他们又回到了老地方,一切陈设都和过去一样,只是房屋更旧了,还添了些蜘蛛网。靡非斯特把浮士德安置在床上,让他睡去。他环顾四周,见到自己伪装博士时穿过的旧皮袍。回忆那次所开的玩笑,太有趣了,他还想再穿一次。他取下皮袍,皮袍里飞出了无数的小昆虫。小虫们唧唧嗡嗡,向主人表示欢迎。它们飞向四面八方,栖身到各处的污垢中去。靡非斯特穿上皮袍,得意自己俨然又是一个大学教授了。

他拉响铃。铃发出尖锐的声音,在空屋里震荡。瓦格纳的弟子从昏暗的长廊蹒跚而来。靡非斯特向他询问瓦格纳的近况。瓦格纳博士已是当今学术界的第一伟人,学术界全靠他独力支撑。弟子告诉他说,老师久已不见外人,正关门闭户,守着中世纪的炼金炉,在那儿焦头烂额地制造着"人"。

弟子退出，靡非斯特刚刚在教授的位子上坐好，先前"训示"过的学生走进书斋。岁月流逝，今非昔比，几年前还是羞怯的青年，如今成了自命不凡、趾高气扬的学士。他大摇大摆走进来，飞扬跋扈地反把靡非斯特训了一顿。靡非斯特拿他没有办法。在他的口中，经验不过是泡沫和灰尘！怎能和精神相提并论！人们从前所知道的一点东西，根本说来就一钱不值。在他的眼中，世界是由他开始，一切都是为他所设："在我创造之前，世界原未生成；是我把太阳从海里引出，月亮和我一起旋转盈亏。"大自然的存在和一切变化、整个人类的命运，似乎都要由他来决定。高谈阔论结束，学士示威似的离开了书斋。靡非斯特却不介意，他相信这骄傲的人最终也会感到无聊。

他来到瓦格纳中世纪风格的"实验室"。

瓦格纳正屏息吞声，全神贯注地注视着他面前的曲颈小瓶。那里面，他调和的几百种元素正在蒸馏，已经发出了红红的火光……在升腾，在发光，渐次增长……一个可爱的小人儿终于成功，体态是十分的玲珑。这小人儿名叫何蒙古鲁士。他形成后就开始说话。他对瓦格纳说：阿爸！你好吗？来吧，亲热地把我搂在你的怀抱！但不可太紧，以免玻璃爆炸。

"伟大的事件"告成，瓦格纳又高兴又激动，他使人脱离自然繁殖的"无聊的儿戏"，有了"更为高尚的出身"。他对自己多少日子来辛辛苦苦的工作所取得的成就感到满意。

可是这何蒙古鲁士无法和自然接触，他只能待在与世隔绝的玻璃瓶里，蜕化不出来，也不能发育。

这时，侧门开了，何蒙古鲁士瞧见了躺在床上的浮士德，又惊又喜。他也是个喜欢喧闹的人，只是他喜欢的是古典的游乐。瓶从瓦格纳手里滑出,飘浮在浮士德头上,他用自己身上发出的光照着浮士德和靡非斯特,带着他们飞往东南方,去赶古希腊的古典的瓦尔普吉斯之梦夜会。

悲戚的瓦格纳,继续在这里,又去翻阅羊皮纸的古籍,收集和拼凑生命的要素。

何蒙古鲁士像一颗明亮的流星,在众人头上飞行,为浮士德和靡非斯特引路。他们来到古希腊幽晦的法沙路斯旷野,降落下来。刚触到地面,浮士德立刻苏醒过来。在这古希腊的土地上,浮士德全身焕发着新的精神,看到古代历史中的人物和各种精灵鬼怪,但是浮士德仍然想念海伦,他要去寻访海伦。靡非斯特和何蒙古鲁士也各自分开,"各人去各人的险冒"。

浮士德在法沙路斯战场看到了人面狮身的司芬克斯,怪鸟格莱弗和上身是少女下身是鸟的赛伦。以婉转优美的歌声引诱人堕落的赛伦鸟的歌声没有吸引住浮士德。浮士德精神旺盛,对所见到的一切都感到惊奇和满意。但是,没有找到海伦,又使他心急。他向司芬克斯们询问谁见过海伦?它们要他到比纳渥斯河去问象征智慧和正义的人首马身的希隆。

浮士德来到比纳渥斯河。河水泛波,芦苇摇曳,矫健妙龄的水精宁芙们游浸在水镜中,一个个体态轻盈娇艳,陶醉了浮士德的双眼。她们轻声低语、低吟浅唱,希图留住浮士德,让他安息于幽静之中。

浮士德在河边伫立、徜徉,犹如身入仙境梦乡。他的眼睛在此流连,可是他的精神却只顾往前,要去寻找那最高处的精华。恰这时,马蹄声近,希隆来到。浮士德征得他的允许,骑上他的背。希隆带着他向前奔去。在路上,他们交谈起来,话题转到海伦身上。希隆也曾背负过她;他极口称赞她的美丽动人。说得浮士德更是魂不附体:"我的心,我的存在,已被囚系,不能得到她,我要死于相思。"看到浮士德欲见之心如此急切真诚，希隆将他带到巫女曼托的神殿中，让她去帮助他。她是个慈祥的巫神，十分同情人类。在曼托指引下，浮士德找到了寻找海伦的一条通道。

靡非斯特在这异邦之地惶恐不安，突然发现前面有一群妖娆的女郎，正轻盈地跳着舞，眉目传心。他不曾改掉淫荡的本性，轻轻地走上前去，心里想着偷情。谁知女妖拉弥爱们反来调弄他，把他要了个精疲力尽。等她们一一脱去假面具，原来都是些奇丑无比的妖精。不分南北古今，丑类总是不令人欢心。

他走着，忽地小路变成了洪荒，平地被巨石所挡，他在石堆间彷徨，不知该走向何方。山精在古老的山岩上开口，教他不要被现象迷惑，童话般出现的国土、山岭，也会像童话般冰消瓦解，易生易灭是常见之事，然而却都是幻境。靡非斯特在橡树女精的指引下，会见了三个极丑的妖女福尔基亚斯。她们是黑暗所生，三人合用一只眼睛、一个牙齿。靡非斯特要求她们"把三人的本质摄并于两人"，而把第三个的形象暂时借用。他带着一齿一目的鬼脸走了。

何蒙古鲁士东飘西荡，没有找到一块合意的地方。他满心希望碰破小瓶发育成长，又无法做到。但他发现了两位哲学大师，满肚子学问，他十分敬佩，因此，和他们结伴同行。

两位哲学家——泰勒斯和阿那克萨哥拉斯。泰勒斯（约公元前624—前547年），古希腊哲学家，认为水是万物的本源。阿那克萨哥拉斯（约公元前500—前428年），古希腊哲学家，认为自然界一切物体都是由许多物质的小片（即"种子"）构成的。他们都认为世界的本质是物质，然而在原质上，他们存在着分歧。泰勒斯认为水是世界万物的原质，万物生成于水，又复归于水；这种变化是有规律的、自身的，不受昼夜时辰的限制。

阿那克萨哥拉斯认为一切物体都由无限多的有一定性质的物种构成；它们总在做着混合与分离的变化，但变化的原因在它们的外部，由于地中心的熊熊烈火的蒸气喷薄而出，冲破平地的古老地壳，然后才生出了一座新山。他们在讨论生成，何蒙古鲁士赶来追随他们，因为他也希望自然成长。

泰勒斯把何蒙古鲁士带到海洋老人、预言者纳莱乌斯面前。但老人不愿意为他指点未来，走开了。他认为人总是纵欲任性，听不进智慧的忠言。因为他曾给予帕里斯父亲般的忠告，但帕里斯却不听，终于身败名裂，并导致特洛伊城的毁灭。纳莱乌斯让他们去找普罗特乌斯，"请教那位怪人，人怎么生成，怎么变化"。

何蒙古鲁士用自己发出的毫光，把善于变形的海中老人普罗特乌斯从隐身的地方引了出来。普罗特乌斯告诉他，从大海里做起，在海里由吞食极小的东西会逐渐长成。他认为，地上的努力，总不免是等于儿戏，这些骄傲的人不会有什么成就，一场地震便遭毁灭，被溶合成别的物件，倒是水对生命更为有益，只有永恒的自然才值得赞美。他变形为海豚，让何蒙古鲁士骑上他的背，他要把他带进永恒的水里。

诸多的水族都来参加神会，五彩辉煌。

居住在海中仙山上的人们，骑着牛羊也赶到。他们安居在原始洞穴，不受野兽地震的威胁，也不受改朝换代、纷争残杀的骚扰，永远被永恒的和风吹拂着，悠闲而舒适，仍和太古时代一样。最美的女神迦拉德亚乘贝车而来。她轻盈庄严、绰约娇艳，像一颗明星，闪耀在人群之间。泰勒斯无比兴奋地赞言，一切都是水所维持，一切都是生成于水。水啊，你是万化之源，使生命永远新鲜。

何蒙古鲁士被迦拉德亚的美艳所迷，他在她的脚边环绕，希图纵情恣欲，但却不可能，终于将瓶儿碰破，闪烁、燃烧，融成一片火光，归到了大海之中。

特洛伊战争结束后，海伦又回到了故乡。被在战争中掠来的女子簇拥着，她走进昔日的宫殿。触景生情，忆起往事，感慨无限。然而，回来是作为国家的女王，还是作为祭神的牺牲？这吉凶未卜的命运，也使她忧郁不安。

海伦走进王宫的内廷，突然在炉灶边见到一个高大的蒙面女人。她以为是宫女头子，谁知是一个极丑的妖魔，面上一齿一目。众人经历已深，却还不曾见过这样丑恶的人。她们认出她属于福尔基亚斯之族。

福尔基亚斯并不觉得丑有什么低贱，反将众人训斥了一顿。宫女们与她展开了舌战，但她们无论怎样也说不赢她。海伦只得插身进来，用主妇的身份，制止她的责骂。福尔基亚斯又将舌锋转向海伦，把她的旧事重捉。过去那自由的欢悦、甜蜜的情感，伴着无限的辛酸，一起注入海伦的心间。她昏倒在宫女的怀抱中。

众宫女手忙脚乱，一阵宽慰后，海伦才又恢复过来。不料福尔基亚斯又说出了更惊心动魄的话语："国王要把海伦祭神，众宫女将被吊在横梁上，成排成行。"几句话犹如晴天霹雳，吓得海伦和众女子惊慌失措，魂飞胆丧。福尔基亚斯更用起魔法来，唤出一群侏儒布置起可怕的祭台。这下福尔基亚斯身价大涨，众宫女都向她求告，连海伦也不得不来听她的指教。福尔基亚斯开口说道：不远处有一座城堡，华丽坚固，耸入云天。宫中有年少男子，金发碧眼；还有个极出色的领袖，勇敢敏捷。关键须得海伦同意，才好将众人领到那里。众女子也一起乞求海伦。事到如今，海伦也只好答应。

由福尔基亚斯引导着，一群人急急忙忙逃脱不幸，向"自由国土"奔去。迷惘间,她们已置身于一座中世纪华美的宫廷中。福尔基亚斯却早已不见行踪。

宫廷内,执事、仆人一片忙碌。一群秀美的青年,步伐娴雅,整队而出,引起众宫女的羡慕。随后,身材奇伟、品格高华、仪表温雅的俊美的男子浮士德,身着中世纪骑士的宫廷服装出现在台阶上,缓慢而庄重地下来。

他带着一个双手被缚的仆人,走到海伦面前。礼毕,他向"女王"解释,这个仆人玩忽职守,身为高塔上的看守,今天疏忽万分,连女王光临都不来通报,耽误了隆重而竭诚地欢迎贵宾。他将仆人交与海伦,现在是治罪还是开恩,只有听凭女王随意处分。守塔人述说怎样被海伦美丽的容貌所迷,忘记了自己的职守,表示甘受处罚。

海伦的美,征服了所有的人。她叹道:"灾难是我带来,我不能加以惩处,残酷的命运纠缠我,使天下多少男子心为我着迷。我一而再惹起天下骚动,三番四次带来劫难重重。把这好人带去,将他赦免。"浮士德说:"你在刹那间使我的忠仆叛变,我的城墙动摇。我的军队会归顺你,让我跪在你的脚边,认你为女主人。"将主权让出,海伦做了女王。众男子成群结队,口唱颂词来向女王进献珠宝。浮士德更将城中的一切都归之于女王。海伦被这情景感动,她和浮士德深相爱慕,在众目睽睽之下,他们表示了爱情的至诚。

正陶醉中,福尔基亚斯闯了进来。她带来了海伦的丈夫梅纳劳斯率兵来攻城的信息。智勇双全的浮士德立即发布命令,统领国内大军迎战。他们击败了来敌,保卫了城池和海伦。

一片清幽葱郁、康乐安闲的和平景象。郊野,古木掩映着亭台岩洞,浮士德与海伦结合,一个小男孩降临人间。活泼泼的小男孩一刻也不停闲,他跳到地面,又迅速地反弹到空中。跳上几跳,他就触到了高高的穹隆。这情景,怎不使父母大为担忧。小男孩穿上花衣裳,精力旺盛、飘带飞扬,起了个名字叫欧福良。

美妙的弦乐从洞中传出,侍女们感动得热泪淋淋。这声音出自深深的心灵:多少年的相爱,汇集成这个男孩。

可是欧福良一点儿也不体恤父母的心情,抑制不住激荡的心潮。他的憧憬本就在那无垠的高空。他急着要跳,急着要飞,无论什么高处,都想冲上前去。遵照父母的心意,他抑制住自己。

他钻进姑娘群中,引诱她们起舞。他是那样的轻盈美好,引得姑娘们都向他倾倒。他就像一个猎手,四处寻觅将猎物捕获。在他看来,抢来的东西才有趣味。胡闹、放荡、喧嚣、猖狂,他要的是最粗野的姑娘。他刚刚把那野姑娘抓住,她突然变成了一团火焰,晃晃悠悠,径直升向天空。

欧福良拂去残余的火焰。人间的限制使他感觉难受,他不愿再将自己束缚。不顾父母、众人的劝告,他离开了太平的生活。这生活太舒适,与他的精神不符。他要出于危险而入于危险,在战争中冲锋陷阵,流血奋斗。他坚决认为,世人不论男女,都应该成为疆场上的英雄,男子汉的钢铁胸膛就是轻快武装直赴战场。他升腾起来,越升越高,像一颗美丽的星星闪耀。他高呼着:"前进吧!荣名之路已开。"狂热而冒险的欧福良,飞去奔赴战场,不料想飞得过高,他忽地燃烧了起来。头上发光,身后曳着光尾,他的尸体坠于父母脚旁。

人们围上去辨认面容,这形骸却立即消失,光环彗星上升于天,衣服、披风与利拉琴留在地上。

欢乐之后,便来了沉痛的悲伤;美满的结合,到头来是幽梦一场。儿子的夭折,使海伦无比悲痛。她想幸福与美丽并存的日子不能久长,因生命和爱情的联系已经断绝。她哀叹这两者，痛苦地向浮士德诀别。海伦最后一次拥抱过浮士德后便消逝了，只留下衣服和面纱在浮士德胸前。

浮士德依照福尔基亚斯的话，紧紧将衣裳捉住。海伦的衣裳化为云彩，环绕浮士德，将他带到空中一同飞去。

福尔基亚斯从地上拾起欧福良的衣裳，在柱旁坐下。众侍女解脱了魔鬼的拘束，怀着她们的忠诚，到地府中追随女王去了，空留下楼台亭阁、绿水青山、葡萄树木。福尔基亚斯站起来，揭开假面具，露出了恶魔的原形——靡非斯特。

峻峭嵯峨的山岩上，一朵云彩载着浮士德从希腊飞回北方，降在山顶的平坦处。云儿又慢慢地升起，集成一团，飘浮着，变幻着，流向东方。浮士德留在山顶，痴迷地注视着远去的云儿。柔和灿烂的雾霭在他的额前胸上飘浮，这雾霭集而不散，融合着升上了浩渺的苍穹。他想起了逝去的少年时代，和那用爱的灵光照拂过他的玛甘泪。现在这一切都离开了他，变得那样遥远。

站在这高高的山顶上，俯瞰着无际的大海，一个宏大的计划在浮士德心中诞生，而靡非斯特猜他想再建一个大都市，成为万人仰目的中心，又猜他想在幽静的世外桃源里伴着最美的佳人，还猜他想脱离地球去超升。然而这一切都不是。大都市不能使浮士德满意；世外桃源只是恶劣的摩登，飞往月球更是离题太远。浮士德要成就惊人的功业，他要征服自然。他注目一片茫茫大海，不能容忍海洋的专横肆虐，波浪逼近，泛滥各处，掩盖一片令人厌恶的荒滩。我要振作精神，与海斗争，将水制服！不管海水如何泛滥，一遇丘陵，它就只得转弯；把汹涌的海水逼离海岸，对潮汐地带加以制限，把海水赶回海洋中！填海的意愿在他胸中盘旋，他要建立一个美丽的、自由的理想王国。

这时，国内爆发了革命。那位骄奢淫逸的皇帝，只知自己享乐，不理国事，全国上下陷入一片混乱，互相打杀，闹成一团。人民不堪忍受，他们举起了义旗，起来革命，要生存，要和平，要新的君主。

皇帝退到这山谷，他要在这里背水列阵，做最后的决战。

靡非斯特为浮士德出谋划策："帮助皇帝赢得战争，就能领到沿海地带作为酬劳，填海的目的也就可以达到。"靡非斯特又请来暴躁者、矫捷者、顽固者三壮士。他们一同下山，去帮助皇帝。

皇帝的军队占领了敌方的营寨。

皇帝踌躇满志，得意扬扬，登上宝座封官分赏，"有功"之臣都赐以高官厚禄、肥美的疆土，世袭制度予以严格执行。群臣个个欣喜万分，宰相说道："陛下使我们巩固，也巩固了皇权。"然而他自己却并非已经完全满足。他一方面对皇帝将海边的一片沙滩地赏给浮士德有怨言，同时却要求把那儿将会有的"租税、利息、贡物和一切捐款"，都拨归教会，而且还让皇帝将一大片最肥沃的土地奉献给教廷。"那上面应建起巍峨的寺院，国家出钱，人民出力，还要免除一切租税"。皇帝也不得不应许。

旷野上，一个旅游人来到海边，来拜访裴莱蒙和鲍栖时老夫妇。当他在海上遇难的时候是这老夫妇搭救了他。老夫妇告诉他一个惊人的事情：飞沫排空、翻波涌浪的海洋，如今已经变成了花园，就好像是一座天堂。只因一位封臣在这里掘壕沟、筑堤防，海水退缩了，代替它的是繁华稠密的人烟和牧地、森林、园圃、村庄。吃饭间，老人也向客人谈起工程的艰辛：筑堤开河，以人作牲畜不知死去多少，一到夜里就听着鬼哭神号。那先生还想要吞并他们的茅屋和一座小教堂。老夫妇如何能抵挡得住这位"邻居"？他们唯一的办法就是鸣钟、祈祷、跪拜，向神明求援。

钟声传进雄伟的宫殿，传进正在踱步徘徊的高龄的浮士德耳中。这钟,那菩提古树、朽败的礼拜堂和小茅屋,都使浮士德厌恶憎恨,使他像置身于寺院和坟墓。

运河上,一只富丽堂皇的大船驶来,船上堆满大小箱子,载着外地的物产。靡非斯特走下船,来向主人浮士德禀报恭贺:出发时只有两只船,带回海港的是20只船,而且每只船上载满货,在自由的大海上自由行驶,海盗、走私、战斗三位一体,忠实地奉行强权就是公道的法则,换来了硕果丰盛,捷报频传。

海洋被征服,满船的货物,都不能使浮士德开怀,他命令靡非斯特以一片"好地方"和"一座新居"作为交换,去将那对老夫妇迁移。靡非斯特毫不迟疑,带上人马去到小屋。老人死也不肯开门。他们一阵擂门喊叫,朽门倒塌,两个老人被惊吓,一命呜呼,双双毙命。他们又打死了那位游客。一把火烧掉了小屋、教堂和菩提树。火焰无情,烧红了半边天,三个尸首,都在烈火中化为灰烬。浮士德得知大怒,不料下属这样野蛮,气得他一直诅咒他们。

火势渐退,阴风飒飒地吹来。阴风中裹着四个阴影——"匮乏"、"罪过"、"忧愁"和"苦难"。这四个灰色的女人,来到浮士德的宫前,唯有"忧愁"一人体态轻盈,从锁眼中溜了进去。

浮士德独自坐在宫里。他想摆脱魔术,他多么希望以一个真正的人的身份出现在自然面前!"忧愁"走近来与他交谈。浮士德情不自禁,竟向着"忧愁"述怀:"我只是匆匆地把世界跑了一遍,追求着快乐,贪图了又贪图,用尽权威,使自己的生活像风暴一般,终于明白了人是无法超脱人寰。是痴人才眨眼望着上天,幻想那云雾中有自己的同伴;人要立定脚跟,向四周环顾!这世界对于有为者并非默然无语。凡是认识到的东西就不妨把握。在幸福与艰难中闯荡,世界将属于有为之人。"

"忧愁"却不喜欢奋斗的人,她随身带着"永恒之夜",她要让人类始终一事无成,精神萎靡不振,活人犹如死人。浮士德不愿意承认她的"潜力",然而"忧愁"并不甘休,她对着浮士德吹出一口阴气,顿时,浮士德的双眼永远失去了光明。

靡非斯特召来死灵们,为浮士德挖掘坟墓。浮士德摸索着从宫中走出。锄头的声音使他兴奋,他以为这是为他而来的民众,在修筑一条拦海的长堤。他命令靡非斯特赶快去募集起更多的人工,用诱惑和威吓的办法,让他们为他的事业服务。

双目失明的浮士德,对自己的填海事业十分满意。在这里,大海变成了良田,人民安居乐业,"自由的土地上住着自由的国民",自己也将留名千古。他追求了一生,终于得到了智慧的最后的断案:"要每天去开拓生活和自由,然后才能够得到自由与生活的享受。"他再也抑制不住自己了,情不自禁地喊出:"你真美呀,请停留一下!"随即倒地,永远离开了人世。

浮士德终于满足了!——在他生命的最后一刻。时钟停止了,指针坠落了。死灵们将浮士德平放在地上。

靡非斯特虽然最终征服了浮士德,但他对浮士德的追求却不以为然:"世上没有什么过去了的事情,过去和全无,完全是一体,永恒的创造是毫无意义,世上只有永恒的太虚。"

靡非斯特生怕浮士德的灵魂逃走,他念起咒语,可怖的地狱咽喉在左方张开,地狱中火焰迸涌、蒸气沸腾,肥鬼瘦鬼一起出现。靡非斯特命令他们小心谨慎,看守浮士德的灵魂,勿使它逃遁。

这时有光从右上方照下,这是天使们到来了。美丽圣洁的天使在婉转的歌声中翩翩起舞,将玫瑰花儿抛撒。玫瑰花儿清香馥郁,但对于魔鬼,它却不那么美好。魔鬼们想把它吹开，它却燃烧了起来，将魔鬼们的勇气、力量都融化掉了。

靡非斯特拂着飞来的花瓣。神火在他的体内燃烧，浑身都烧起了小泡。尽管这样，他也不改魔鬼本色，他被天使们的美貌迷住了，起了淫欲之念。他只顾围绕着天使们转，忘记了守护的职责。天使们趁机携带了浮士德的灵魂，飞上天去了。等靡非斯特发现时，已经晚了。他的造恶工程，就这样前功尽弃了。

圣山上，天使们背负着浮士德之灵，高唱着"不断努力进取者，吾人均能拯救之"回到天界。她们在高空中起舞，为战败魔鬼，获得浮士德的灵魂而高奏凯歌，齐声欢呼。她们让灵魂与升天小儿为伍。众小儿都欢欣鼓舞。

天后——圣母玛利亚，由众多的被赦女子环绕着，自一方冉冉飞来。圣母慈悲宽容，凡能忏悔之人，均许之沐浴圣恩，升于永恒。

玛甘泪见到浮士德的灵魂，从赎罪女子行列中走出，牵着圣母衣角，恳求圣母慈悲庇护她的幸福、爱人浮士德。众小儿也为之求情。玛甘泪又恳求：看他摆脱了任何尘世羁绊，抛弃了旧日的腐臭皮囊，从云霞重裹中，显露出第一股青春力量。光明圣母欣然允诺："来吧，升向更高的境界！他觉察到你，会从后面跟来。"

圣母宽宏大量，众人感激涕零，崇奉玛利亚的博士俯伏膜拜：

一切忏悔的弱者们，

请瞻仰救主的眼睛，

承受升天的命运，

感激地超脱凡尘。

每个高尚的灵魂，

都乐于为你效命。
处女，圣母，女神，天后，
请永赐圣恩。
众者齐声高诵道：
一切向上心，俱为圣服务！
处女哟天后，女神哟圣母，
诚心皈命你，恩佑永不渝！
永恒之女性，领导我们走。
全剧到此终了。

【赏析】

《浮士德》是一部描写梦想者和发展者的诗剧。它的基本内容是以文艺复兴以来的德国和欧洲社会为背景，通过浮士德在各个生活领域里的悲剧经历，表现他不断追求真理、探索人生理想的思想发展历程，展示了他一生的精神发展史和人生价值追求史。主人公的从小境界到大境界的思想变化历程，反映了从文艺复兴到19世纪初整个欧洲的历史，揭示了光明与黑暗、进步与落后、科学与迷信两种势力的不断斗争，系统地总结了从文艺复兴到启蒙运动300多年西方知识分子追求探索的精神历程。歌德将浮士德的价值追求目标作为全剧的戏剧悬念，表达了歌德对人类未来的远大而美好理想的憧憬，特别是结尾处，浮士德越接近死亡，思想越活跃，肉体虽死，精神永存，是一部现实主义和浪漫主义结合得十分完好的诗剧。

《浮士德》全剧没有首尾连贯的情节。在整个故事情节的发展变化中，浮士德是贯穿始终的中心人物。全剧以主人公浮士德的思想发展为线索，写他探索真理的一生，描写了他不断追求、不断探索、勇于实践的一生。通过描写浮士德精神性格的发展，展现了他在追求理想人生和理想社会过程中的五个人生阶段的悲剧。"天上序幕"是全剧的开端,写魔鬼靡非斯特与天帝关于浮士德的争论,前者认为像浮士德这样一个天上人间无一可以满足其心的追求者,最终必将堕落。而后者认为人在努力时难免会犯错误,但一个善人在他摸索中不会迷失正途,最终能找到真理。天上的打赌,导致魔鬼在人间与浮士德的打赌,诗剧围绕魔鬼引诱浮士德开始了追求真理的历程。浮士德从个人生活的"小世界"进入社会生活的"大世界"。经历了书斋、爱情、宫廷、美的幻梦和理想追求阶段后,最后悟出了生活的智慧。

　　诗剧《浮士德》分两部,第一部主要讲述的是知识悲剧和爱情悲剧;第二部是政治悲剧、美的悲剧和事业悲剧。具体表现在他的学者生活、爱情生活、政治生活、艺术生活和创建事业生活五个阶段,分别体现了浮士德的五大追求。知识追求:他满腹经纶,却于事无补;爱情追求:爱情被保守思想和封建礼法扼杀;政治追求:为封建王朝服务,却因爱上海伦而葬送自己的前程;艺术追求:寻求古典美,也以幻灭告终;社会理想追求:建造人间乐园,却在呐喊中倒地而死。这是《浮士德》的主要情节和结构框架。

　　第一部第一阶段,学者生活中的"知识悲剧"。浮士德最先是以学者的面貌出现的,他追求知识,并利用它去改造社会,造福于人类,这是大多数新兴资产阶级知识分子走向生活和社会的第一步。年已半百的浮士德,在书斋里博览典籍,企图"以口舌传宣,能把黎民改变",过的是脱离现实的书斋生活。他孜孜不倦地研究学问,把哲理、法律、医典、神学等都努力钻研遍了之后,不但"措大依然,毫不见聪明半点",越学越觉得知识的贫乏,不能认识自然宇宙、人类社会,所学的知识也毫无实际用途,而且使自己陷入了"中宵倚案,烦恼齐天"的境地。他深感精神空虚，诅咒自己的书斋是暗淡无光的牢笼，悲观绝望，打算服毒自杀。魔鬼靡非斯特乘虚而入，答应做他的仆人，带他去经历人生，条件是他一旦满足，灵魂归魔鬼所有。浮士德自信永远不会满足，又渴望投身现实生活，便与魔鬼订约，走出书斋，去享受现实生活的乐趣。

这表明，陈旧的书本知识和牢狱似的书斋生活是知识悲剧，而不是理想。反映了陈腐的知识与现实社会的矛盾，贫乏的知识与丰富的自然、人生的矛盾，批判了中世纪的知识学问，对当时德国僵死的学术进行了辛辣的讽刺，反映了人类知识在现实面前的困惑，体现了知识分子文艺复兴以来到宗教改革、"狂飙运动"的反封建精神。同时表现了觉醒的知识分子不满现状，要求个性解放，从中世纪的经院哲学中解脱出来。

第一部第二阶段，爱情生活里的"爱情悲剧"。浮士德有强烈的追求享乐和情欲的愿望，他决定解脱掉一切学枷智梏，迈步走向新的生活。他跟随魔鬼靡非斯特抛弃了古老破旧的书斋，到一个女巫那里，喝了返老还童的魔汤，经一番脱胎换骨，更增加了享乐的欲望。然后，他来到德国的一个小镇，进入了"小宇宙"的行程。"小宇宙"指的是德国狭隘市侩的小世界，是个人的感情世界。浮士德在这里结识了美丽的少女玛甘泪，并获得了她的爱情。玛甘泪为与浮士德幽会，给母亲服多了安眠药，致使母亲丧命，而阻拦她幽会的哥哥又死在浮士德的剑下。怀孕了的玛甘泪因慑于舆论，溺死自己的私生子，玛甘泪入狱了。这期间，浮士德受魔鬼诱惑，却在与魔女欢会。当浮士德得知玛甘泪被判死刑，欲救她越狱时，玛甘泪则情愿受上帝惩罚。浮士德在悔恨中结束了自己的爱情生活。

浮士德脱离中世纪的书斋，想在爱情生活中走"个性解放"的道路。但由于种种原因，尤其是德国封建、宗教势力的强大，玛甘泪被送上了刑场，他的追求以失败告终。浮士德深深认识到爱情生活只能满足一时的情

欲的需要，并不能使他获得爱情自由和开创个性解放的道路。他领悟到低级的个人生活享受不是美，而是悲剧。

浮士德精神性格的核心是个人主义，他的内心是充满矛盾的。他一方面向往未来，追求理想，即"离去凡尘，向那崇高的境界飞驰"；一方面又要现实的享乐，即"沉溺在迷离的爱欲之中，执拗地固执着这个尘世"。这是人类所共有的特点，是人身上生来就有的"灵"与"肉"、"良心"与"情欲"两种对立的本质，是歌德世界观中人性论观点的反映。

玛甘泪的爱情使浮士德获得了教训，把他从情欲的泥潭中解放出来，使他摆脱了"小世界"的平庸生活。魔鬼靡非斯特想以男女间的肉欲来促使浮士德毁灭，这个企图失败后，他只好带领浮士德到"大宇宙"去旅行。

浮士德与玛甘泪的爱情悲剧说明个人狭隘的爱情生活不是人生的理想。从中可以看到近代西方社会心理中灵与肉之间、感性与理性之间悲剧性冲突的缩影。表现了新兴资产阶级的现实生活享乐的幸福观与中世纪禁欲主义的对立，反映了资产阶级的人生追求以及对封建、宗教的批判。

第二部第三阶段，政治生活中的"政治悲剧"。浮士德忘却前事，恢复精神，被魔鬼带到一个封建王朝的宫廷里，进入了他的政治生活阶段。他开始投身政治活动，为封建宫廷服务。这是一个腐朽空虚、风雨飘摇、朝不保夕的王朝，官无不贪，军无不抢，政客结党营私，经济严重困难，民众怨声四起。皇帝仍沉于享乐，浮士德仍然尽心为其服务。在靡非斯特的帮助下，他发行大量纸币，暂时解决了经济危机。但他终于不能有所作为。为取悦皇帝，为统治者的异想天开，浮士德借魔鬼的法术再现古希腊美女海伦的幻影。浮士德对海伦一见倾心，当显现海伦和特洛伊王子帕里斯的恋爱嬉戏时，为了不让帕里斯拥抱她，浮士德用魔钥去触帕里斯，结果幻影消失。浮士德昏倒在地，至此结束了他的政治生活。浮士德的这段经历，正是歌德自己十年魏玛官场生活的寓意概括，也正反映了德国资产阶级在改变现实中无能为力的可悲状况。

这说明，浮士德在政治上想有伟大的业绩，但结果除供统治者消遣取乐外，一无所成，根本不能实现他改造世界、建立理想国家的宏愿。反映了德国资产阶级政治上的妥协性和思想上的软弱性，粉碎了启蒙主义者对君主政治不切实际的幻想，表达了对腐朽封建王朝的揭露和批判。

第二部第四阶段，写艺术生活中"美的悲剧"。政治生活的失败，使浮士德想逃离现实，转向追求古典美。他昏迷中仍一直迷恋着古希腊美人海伦。在魔鬼的帮助下，浮士德与海伦结合，生下儿子欧福良。活泼喜冒险的欧福良不断地欢腾跳跃，奔放不羁，不断地往上空飞翔，不料飞得过高陨落在父母的脚下。海伦悲痛地消逝，只留下衣服和面纱。浮士德对美的追求也以悲剧结束。

这表明，浮士德对海伦古典美的追求并与之结合的理想的幻灭，是对当代德国启蒙思想家企图用美的教育来改造世界做了否定回答。海伦的消逝说明古典艺术和古典美只能作为现代文化的养料，古典美的复活，是完全不可能的。欧福良的夭折说明用美教育人类、改造社会是不切合实际的幻想，海伦消逝后只剩下空空的衣服和面纱，是没有内容的形式，也化成了云彩，飘然四散，消失于渺茫之中。

这说明，追求古典美是表现资产阶级思想探索史的一个阶段，对古典美的追求不能满足启蒙思想家和新兴的资产阶级建立理性王国的要求。

第二部第五阶段，写"事业悲剧"。浮士德追求古典美幻灭后，从古代世界又回到现实世界，要去追求更高层次的理想。面对着侵蚀大地的汹涌海浪，一个改造大自然的念头，在浮士德心中油然而生。要改造自然，变沧海为良田，为人民建立理想之邦，是浮士德生活道路的事业阶段。他借魔鬼法力帮助皇帝平定了战乱，得到一块海边的领地。浮士德要领导人们在这片海边沙地上进行一番创业，使之变成了一座人间乐园。浮士德命令魔鬼驱使百姓移山填海，开发土地。此时，浮士德已是双目失明的百岁老人。死灵们为他挖墓穴，浮士德却以为是群众在劳动填海造田。他在想象中享受着这至高无上的瞬间，想象这种变化还将因为自己的努力而更加日新月异，他想到自己正在从事的伟大事业，感到了由衷的喜悦和满足，他终于发出了"你真美呀，请停留一下"这样自我满足的呼声，随即他倒地死去。按照契约，靡非斯特本可以获得浮士德的灵魂，但魔鬼并没有得逞。在天使们的歌声的引导下，浮士德的灵魂飞升进入了天堂，见到了圣母，并与玛甘泪重逢。浮士德发动群众改造大自然，建立的人间乐园绘制启蒙思想家的"理想王国"，是歌德事业悲剧的最好体现。

《浮士德》是一部思想内容很丰富的作品，通过浮士德几个阶段的追求，歌德写出了一部人类灵魂发展史。描绘了人类的前途和理想，阐释着人生的意义和价值。诗剧开篇的两个赌赛，提出人生的理想及如何实现理想的问题。从浮士德不断变化的精神世界，反映了从文艺复兴时期以来欧洲不断变化的物质世界，是欧洲近代社会发展的缩影和写照。第一部第一场浮士德在"夜"中，"夜"象征着中世纪的黑暗，阴暗的书斋是中世纪精神牢笼的象征。浮士德知识的悲剧，说明脱离实际的学问是死学问。浮士德走出阴暗的书斋，走向大自然和广阔的现实人生，体现了从文艺复兴、宗教改革，直到"狂飙突进"运动资产阶级追求真正科学文化知识的理性意识的觉醒，体现了否定宗教神学、批判黑暗现实的反封建精神。浮士德与玛甘泪的爱情悲剧，反映了文艺复兴时期资产阶级个性自由的精神要求和封建意识之间的矛盾冲突，也是对早期资产阶级"享乐人生"主张的反思与否定。从政的失败，表明了寄希望于开明君主的政治理想的虚幻性，对新兴资产阶级在政治上与封建王权妥协进行反思和批判。与海伦结合的不幸结局，则宣告了以古典美对现代人进行审美教化、陶冶人性、改造社会幻想的破灭。最终，第二部第五幕写了浮士德在发动大众改造自然，创建人间乐园的宏伟事业中认为找到了他的真理的悲剧大结局，从中我们不难看到18世纪启蒙主义者一再描绘的"理想王国"的影子，并依稀可闻19世纪初期空想社会主义者呼唤未来的声音。总之，这部诗剧以史诗的规模总结了文艺复兴以来300年间资产阶级精神探索的历程。诗剧的主旨探讨了人性的善恶。歌德时代的德国，诸侯纷争，战争频繁，加之资产阶级兴起，资本主义个人主义意识的扩展，致使个人情欲、物欲膨胀，人性中"恶"的问题凸显。歌德虽为人性恶的膨胀担忧，但更相信善可以战胜恶。诗剧"天上序幕"中上帝与魔鬼打赌，一方面表现了恶（魔鬼）的猖狂，另一方面，上帝对人的信心也反映了歌德对人类的信心；靡非斯特作为恶的化身，对浮士德施行种种诱惑，力图使浮士德堕落，但结果却使浮士德不断从迷茫和错误中接受教训，向更高的境界飞跃，最终走向为大众造福，这样魔鬼反起到"造善"的作用。这体现了歌德的善恶辩证观：善恶对立，又互相依存，互相转化；人类在与恶的斗争中不断净化自己，完善自己，造福人类。

浮士德是人类积极精神的象征，是欧洲上升时期资产阶级先进知识分子的艺术典型，也是文艺复兴以来资产阶级人道主义者、启蒙思想家和理想开明君主的象征。他有较高的文化教养和渊博知识，他在人生道路上为探求理想的人生和理想的社会表现出一种永不满足、勇于探索、努力向上、自强不息的精神。在漫长的探索道路上终于创建了"在自由的土地上住着自由的国民"的理想社会。这正是当时欧洲启蒙主义思潮的艺术体现。这种理想在当时能引导人们向前看，要求改变现实，在一定程度上反映了德国人民要求结束封建分裂状态和统一祖国的愿望。因此，浮士德的形象，在18世纪的欧洲具有广泛的代表性。浮士德在思想性格上也表现出资产阶级的两重性。他留恋人世的欢乐和享受，又极力想从平庸的生活中解脱出来，去探索崇高的理想。但在前进的道路上也曾有过迷误，不过，他的永不满足、顽强进取的精神居于主导地位。在前进的道路上，他从种种歧途和错误中努力克服自身的矛盾，战胜物质享受、爱情欢乐、名誉地位等种种诱惑，不断地向崇高的境界飞驰，终于探索到人类的社会理想。这种灵与肉、善与恶的矛盾实际正是资本主义上升时期资产阶级进步分子为改变封建的制度而进行不息的斗争的典型精神特征，也反映了人类追求真理的艰巨性。浮士德的人生理想是在保存现有制度的前提下，用改造自然来完善社会，用劳动建成人间乐园，这实际上是理想化的资产阶级王国。

靡非斯特是邪恶和否定精神的象征，是与浮士德对立的反面人物，代表否定和毁灭，是恶的化身。他不相信历史、未来、人类进步。不相信崇高的事物，对一切都是轻蔑和嘲讽。他处心积虑地引诱浮士德陷入歧途。他一手导演了玛甘泪的悲剧，倡议滥发纸币造成经济的罪恶，帮助封建王朝镇压反叛，维护腐朽统治，烧毁寺院、树林，在公海上大肆掠夺。靡非斯特在"作恶"和破坏中追求一种特殊的欢乐，即乐于看到人"比禽兽还要禽兽"，乐于看到人间充满悲剧。他把欢乐建筑在破坏人间的幸福、制造人间的痛苦上。他能体察到浮士德思想感情的细微变化，使浮士德的自我斗争屡遭失败；他摸透了统治者爱好虚荣的特点，善于歌功颂德，取得了皇帝的宠信；他还掌握了王公大臣们酷爱金钱的心理，以谎言揶揄捉弄他们，他在对风流寡妇玛尔特的玩弄中，又表现出是一个来往于花街柳巷的老手。总之，在所有这一切活动中，靡非斯特已完全脱掉魔气，而成为一个活灵活现的、令人信服的现实生活中的人物。从他的机敏，善于钻营，逢迎谄媚，玩世不恭，否定一切行为的性格来看，他完全是一个资产阶级浪荡人物，是资产阶级个人物欲、利己主义者的典型。

如果说浮士德代表了资产阶级积极进取的"善"的一面，那么靡非斯特则代表了资产阶级灵魂中"恶"的一面。浮士德和靡非斯特是诗剧中矛盾对立的核心，是生活在同一社会条件下资产阶级里的两种不同类型的人。他们一善一恶，一正一反，但又相反相成。魔鬼的作恶，激励和促进浮士德的成长和发展；浮士德的向善，又反衬出魔鬼的罪恶本性。靡非斯特是浮士德形象发展的条件，又是具有鲜明个性的独特的社会势力的代表。没有靡非斯特就意味着浮士德失去了前进的对立面，浮士德就不能发展，不能完善。浮士德和靡非斯特之间这种对立统一关系在剧中表现为：魔鬼对浮士德所做的各种诱惑都从"作恶"的动机出发，目的是要使浮士德趋于沉沦和毁灭，但这种动机却在浮士德的生活实践和自我斗争中转化为"向善"的结果。靡非斯特千方百计想把浮士德引入"魔道"，他的各种诱惑变成了浮士德前进的动力。浮士德虽然也曾因为诱惑而陷入泥潭，但更加深了对于现实的认识，逐步完成了精神性格的发展，明确了理想的人生和理想的社会。可见，靡非斯特存在的意义在于刺激浮士德不断前进。靡非斯特和浮士德之间的这种对立统一关系，正是歌德世界观中对于自然、对于人类精神发展的辩证观点的反映。

除了上面两个人物外，玛甘泪、瓦格纳、玛尔特等形象，也都写得栩栩如生。

诗剧《浮士德》塑造了浮士德这个典型人物形象，郭沫若说"是一部灵魂的发展史"，别林斯基说"是当代德国社会的一面完整的镜子"。从这面镜子中，人们能清楚地看到歌德对现实的批判态度。

《浮士德》为我们描绘了一幅已经日暮途穷的封建政权的图景。在那里，官吏贪，士兵抢，国家法纪废弛，为非作歹之徒逍遥法外，善良安分之辈反遭惩罚，王公大臣醉生梦死，沉迷于酒宴狂舞之中，宫廷上下挥霍成风，以致民穷财尽。这一切，正是当时"神圣罗马帝国"的真实写照。因此，在宫廷化装舞会终了的时候，歌德用烈火包围潘恩的场面来暗示革命风暴即将来临。

在《浮士德》中，歌德控诉教会在精神上是毒害人民的刽子手。诗剧中，玛甘泪的毁灭，原因是多方面的，但教会的迫害却是其中主要的原因。当玛甘泪向至高无上的圣母寻求帮助，祈求解脱自己的"灾难"和"痛苦"时，她得到了严酷回答，身负弑母、溺子，违反封建礼法之"罪"和具有虔诚的宗教感情的玛甘泪被扼杀了。教会对于世俗的物质利益的掠夺，其面目也是十分狰狞的。当玛甘泪的母亲把浮士德暗地赠与女儿的那份金银首饰，通过牧师献给圣母时，这位牧师迫不及待地满脸堆笑说："教堂有个强健的胃腑，他从不曾因过量而食伤，虽已经吃遍了各处地方；能够消化这不义之财的，慈惠的信女们，只有教堂。"歌德把现实生活中教会贪婪的嘴脸做了形象和讽刺的刻画。

《浮士德》这部诗剧反映了德国资产阶级所特有的落后性和软弱性。当法国资产阶级为"自由、平等、博爱"，为"个性解放"而表现了革命的彻底性的时候，德国资产阶级却还在"希望我们的家乡永远是天下太平不改旧样"，循规蹈矩地生活在封建伦理道德的规范之内。此外，对于资本主义的金钱势力和那种"有强权，自然就有了公理"的海上掠夺以及其他罪恶的揭露，也都表现了歌德对于现实的批判态度。

上述几个方面的情况，都说明歌德对德国现实的态度有讨厌、敌视、反对的一面，但同时，《浮士德》中也明显地反映了歌德对现实妥协的一面。浮士德在漫长的探索道路上一直是孤独的，即使是在最后的填海事业中，他仍然是一个独来独往的个人英雄主义者，是个"救世主"，群众只是被"募集"而来为他的理想社会服务的。虽然他在宫廷里目睹了王室的荒淫腐败，封建统治者的累累罪恶，却仍然认为皇帝是"善良而开明"的，情愿为他服务，并参与宫廷的酒宴、游玩，甚至帮助皇帝镇压了"叛乱"。他的所谓理想社会不是建立在为革命所摧毁的封建帝国的废墟上，而是奠基在因镇压有功而获赐的一片沙滩之上。这与歌德的家庭、魏玛的官场生活和他跟魏玛公爵的亲密关系有直接的联系，同时也是歌德挣脱不掉历史唯心主义束缚的具体表现。

《浮士德》的主题思想：通过浮士德这一象征性的形象，概括了近代欧洲资产阶级进步知识分子思想探索的全过程；肯定了顽强奋斗、不怕失败，以集体劳动创造生活的美好理想，强调了追求真理，勇于实践的积极意义；否定了脱离实际的知识追求、低级趣味的官能享乐、狭隘自私的爱情生活、空幻的艺术沉醉以及为封建王朝服务的政治企图，是一部资产阶级上升时期精神发展史的艺术总结。诗剧的核心思想和出发点是启蒙时期的人道主义。它揭露和批判了当时各种陈旧僵死的学问、封建朝政的腐朽黑暗、封建伦理道德的残忍冷酷、资本主义金钱的罪恶和资产阶级海外掠夺的强权政策，而且坚信人的理性力量和实践作用，坚信人能从各种矛盾和迷误中走向正道，体现了人类的进取精神，激励人们为崇高的理想而顽强奋斗。这就是诗剧积极的思想意义之所在。其基本精神：描写理想与现实的矛盾，探索现实的出路，浮士德的永不满足和不断追求，代表了人类的命运和前途。

【艺术特色】

《浮士德》是一部巨著，思想深奥，形象繁复，在世界文学史上独树一帜，就其艺术特色而论，也是卓有建树。

首先，歌德将现实主义因素和浪漫主义因素交织融合运用，以浪漫主义为主。具有庞大的艺术结构，诗剧以高超的想象力将古与今、神与人、幻想与现实、天地与魔鬼等尽收笔端，描绘了五彩缤纷、瞬息万变的场景和画面，赋予剧作浪漫主义气息和玄幻的美感。作品对德国市民各阶层社会和封建朝廷纸醉金迷生活的描写都是真实而富有典型性的，瓦格纳、玛甘泪的形象，德国城市近郊的节日生活情景，当时学术界乱七八糟的现象以及乌烟瘴气的"紫金城"等，基本上是现实主义的。远古希腊的旅行、海伦的形象、填海场景等又都基本上是浪漫主义的。主人公浮士德是现实和幻想相结合的产物，他的精神和经历具有现实基础，但整个形象却是传奇式的虚构的。既有真实的事件（和玛甘泪的恋爱），又有幻想的情节（和海伦的结合）；既有现实环境（如宫廷社会），又有虚构的环境（如填海场景），现实与幻想的结合，形成了诗剧壮阔的背景。全剧突破时间与空间的限制，自由地表现精神探索历史的形象，情节离奇，情景动人，反映了复杂的社会风貌和理想与现实的矛盾，表达了作者的爱憎情感和理想取向。

歌德善于运用矛盾对比的手法安排场面，配置人物，表现在艺术结构和人物的关系上。

从艺术结构上看：诗剧突破一切常规，没有贯穿首尾的情节线索，而是以浮士德探索理想为中心，跨越时空界限，形成独有的特色。诗剧第一部从开阔的天界，到狭隘的书斋；从幽暗的、死气沉沉的书斋到开朗的人民生活和生机勃勃的大自然；从庸俗嘈杂的酒店到优美娴静的爱情生活场景；从光明灿烂的大自然到昏乱的"紫金城"；从纸醉金迷的宫廷宴乐到清明的远古希腊的旅行；从叛乱四起的没落帝国到和平、劳动的理想之邦。这种对比的结构形式从空间、时间、情节展开，突出了浮士德的精神性格的发展及其复杂、曲折的探索过程。

从人物关系上看：1.人物自身的矛盾对立。浮士德是在其自身两种精神的矛盾斗争中进一步丰富和深化起来的；魔鬼是在他作恶和造善的矛盾中创造出来的；瓦格纳从一个埋头于古代经典的学究成为迷信骗人的"炼金术"的术士；玛甘泪从开始觉悟到满足于小市民情趣的爱情生活等。2.人物关系的矛盾对立。诗剧是从矛盾发展的辩证关系中来刻画人物形象，塑造出一对对矛盾鲜明的人物形象。如正义之神的天帝与邪恶之魔的靡非斯特；至善的天帝与具体的善的浮士德；人性善的浮士德与人性恶的靡非斯特；觉悟者实践者的浮士德与愚昧者保守者的瓦格纳；精神探险者的浮士德与世俗弱女子玛甘泪；现代精神化身的浮士德与古典美的代表海伦，都是矛盾对立的人物。

浓厚的抒情色彩和辛辣的讽刺相交织，是诗剧的显著艺术特色。在这方面，歌德往往以靡非斯特做自己的代言人，通过他对旧事物所做的嬉戏性的评述，把它们的腐朽丑恶本质和盘托出，进行辛辣尖刻的讽刺和批判。第一部中对当代逻辑学、哲学、法理学、神学、医学以及反动浪漫主义诗歌等的揭露与批判，就是用上述手法进行的。有时，诗人也用批判对象的言行细节来自我表现，以达到讽刺的效果。如第二部中揭发皇帝、大臣、僧侣们酷爱金钱的本质，就是采取这种方式。有时还用滑稽的歌谣，描绘当权人物的骄横暴戾，跳蚤歌里的跳蚤就是德国许多小公国的大臣、宰相的引人发笑的缩影。

诗剧的语言具有显著的艺术特色。歌德运用精练的语言喻事、传神，表现人物的特征,不同人物所用的语言各不雷同。语言丰富多彩,富有民歌特点,富有哲理性和抒情性。歌德还采用了多种多样的诗歌形式和表现手段。在整个作品中,有抒情诗、哲理诗、散文诗、叙事诗,也有纯朴的民歌体。长诗运用对比交错的艺术手法,使诗歌场景、人物变幻莫测。在写浮士德五个阶段的经历时主要是以叙事为主。而对爱情、景物、述怀、讽刺等描述时则以抒情为主。同时,作者几乎采用了欧洲所有诗体,如用古希腊诗悲情风格的诗行表现海伦悲剧部分。《神曲》中的三联韵体、自由韵体等。各种形式运用自如,浑然一体。在欧洲文学史上,《浮士德》的艺术成就是辉煌的。

象征手法的运用。诗剧中除了几个主要人物外,还引进了许多古代的和近代的人物,以及为数众多的神话世界中的仙人、妖女、鬼怪等,甚至把一些生物和无生命的东西拟人化。这些形象都是用来象征社会生活中的某种事物和观点。海伦是古希腊美的象征;浮士德在追寻海伦的过程中所遇到的用美妙歌声诱人的海妖赛伦等,是重重艰难险阻的象征;浮士德和海伦的结合,是近代和古代结合的象征;酷爱自由,渴望战斗的欧福良形象,是一生反抗强暴,最后为希腊民族的解放事业献出了生命的英国浪漫主义诗人拜伦的象征;裴莱蒙和鲍栖时这对老夫妇的茅屋以及那座小教堂等老朽的建筑是中世纪旧事物的象征;而浮士德用新屋换取旧房则是近代取代中世纪的象征。这些象征性描写,尽管所表达的思想来源于现实,但和生活已经隔了一层,以致使诗剧的某些部分非常隐晦,内容过于庞杂,浮士德的性格过于抽象化、概念化,因此也削弱了作品应有的社会功能,这些是诗剧明显的缺陷。

总之,《浮士德》构思宏伟,内容复杂,结构庞大,风格多变,熔现实主义与浪漫主义于一炉,将真实的描写与奔放的想象、当代的生活与古代的神话传说杂糅一处，善于运用矛盾对比手法安排场面和人物。有讽有颂、有明喻有影射。其形式多样、色彩斑驳，达到了极高的艺术境界。形式独特，它的每一阶段是可以自成一体的悲剧，可以看成是有头有尾的诗集，就全剧而言，没有严密的戏剧结构，像一部叙事体作品，是把诗歌、戏剧和小说的特点糅合在一起的戏剧。

歌德与世界文学 Gede Yu Shijie Wenxue

歌德是世界大文豪，是一个站在时代巅峰纵览全人类的胸怀博大的思想者。他不仅有民族之爱，更有人类之思。他认为，诗人的精神情怀不仅是本民族的文化培育出来的，也是世界其他优秀民族文化熏陶的结果。文艺是人类的共同财产，取其好的为我们自己所用。他智慧的成果供世界人民共享。

歌德对世界文学贡献是巨大的，他的作品被翻译成各种语言，其中歌德最重要的作品《浮士德》，从1968年起被翻译成48种语言，是各国外国经典的重要组成部分。

歌德在德国文化中占有重要的地位，但是他在世界文化中的地位却更加重要。在19世纪下半叶，学习德语的人们大多要阅读歌德的作品，特别是他的经典戏剧《伊菲格涅亚在陶里斯》、田园诗《赫尔曼与窦绿苔》和《浮士德》。歌德的第一部书信体小说《少年维特之烦恼》在德国一经出版就被翻译成所有的欧洲语言。一百五十年后，这部小说在中国仍有巨大的影响力。在五四运动之后引起了强烈反响。1922年，郭沫若将其翻译成中文问世。1935年，《浮士德》两卷被翻译成中文；之后，他的小说《威廉·麦斯特的学习时代》被翻译成中文。

歌德在12岁时，他用德语、法语、意大利语、英语、拉丁语、希腊语和当地德国犹太人的方言写小说。他的抒情诗包括歌曲、赞美诗、颂歌、十四行诗、民歌和讽刺短诗。他的戏剧采用诗歌体和散文体，包括喜剧、悲剧、讽刺性短剧、长剧、宫廷假面剧，甚至小歌剧，还有规模宏大的史诗剧《浮士德》。在歌德感兴趣的领域里，这种古典和现代、国家和种族、主要和次要、上流文化和流行文化的结合是歌德的创作特色。

他的作品涉猎古希腊和罗马文学、古典神话和埃及神话、《圣经》、中世纪诗歌、但丁作品、意大利文艺复兴时期、德国文艺复兴时期、莎士比亚作品、法国古典主义小说、戏剧和歌剧形式。仅《浮士德》就涉及以上提及的所有领域，简直是欧洲文学传统的汇集。

歌德熟悉欧洲国家各历史时代的文学作品和形式，对东方文学也很有兴趣。他研读过波斯、阿拉伯、印度的文学。他的《西东诗集》就是一部以东方素材为基础的抒情诗集。《西东诗集》是在他读到波斯诗人哈菲兹诗作的德文译本之后写出的。他研究波斯和阿拉伯文学，还读了马可·波罗18世纪晚期的亚洲游记。他以中世纪波斯诗人的口气创作出大量诗作，这些作品是带有不同程度波斯风味的原创诗歌。

1781年，当他读到一篇法国人写的中国游记之后开始对中国感兴趣。1796年，他读了德译本中国小说《好逑传》；1817年，他读到英译本的戏剧《老生儿》；1827年，他读了英译本小说《花笺记》及其附录《百美新咏》；同年，还读了法译本的《玉娇梨》。歌德喜爱中国的作品，对中国小说很赏识。在与中国文学的接触和受中国戏剧和小说影响下，他写出优美的抒情诗——《中德四季晨昏杂咏》组诗，这是歌德创作后期最好的诗歌作品。

歌德和他的作品，早在光绪二十九年（1903）就传到中国了。上海作新社出版的《德意志文豪六大家列传》中的《可特传》（《歌德传》）比较详细地介绍了歌德的生平和他的作品，还谈到了歌德和席勒的关系以及他们对德国文学的影响。1902—1903年间《少年维特之烦恼》的片断和《迷娘歌》被译出面世。鲁迅先生在他的《摩罗诗力说》（1907）中曾

一再提到瞿提（歌德）和他的名著《法斯特》(《浮士德》)。第二年（1908），《学报》杂志第一卷第十期上刊出仲遥的《百年来西洋学术之回顾》，文章对歌德及其创作作了概括性评论："哥的（歌德）为客观的诗人。其为人有包罗万象之概。故其思想亦广大浩漫，如大洋之无垠。而其文章，则感兴奔流，一泻千里。"

歌德作品中反封建、反教会、追求个性解放的精神和中国当时的国情息息相通。作品中所表现的，也是那时人们想说、想做的，因而自然引起共鸣。

歌德的作品是各民族文学的全面折射，他的作品被翻译成多国文字在世界范围内流传。他的名字、作品跨越时空为世界各国人民所熟悉。其影响遍布全世界，他的巨著已成为全人类一笔宝贵的精神财富。

歌德及他的作品是德国的，欧洲的，也是世界的。

附 录 Fulu

歌德生平及创作年表
参考文献

歌德生平及创作年表

1749年8月28日生于美因河畔的法兰克福。

1765年,进莱比锡大学学习法律。

1768年,创作了剧本《恋人的情绪》,得病,从莱比锡归省。

1769年,完成了戏剧《同谋犯》。

1770年,在斯特拉斯堡大学继续学习法律,与赫尔德相识,与弗里德里克相爱。

1771年,获法学博士学位,回法兰克福。

1772年,在韦茨拉尔帝国最高法院实习,与夏绿蒂恋爱。

1773年,历史剧《葛兹·冯·伯利欣根》发表。

1774年,书信体小说《少年维特之烦恼》发表。剧本《普罗米修斯》写了两幕。悲剧《克拉维哥》。

1775年,完成剧本《史推拉》。应聘到魏玛去。

1777年,开写小说《威廉·麦斯特的学习时代》。

1779—1788年,创作剧本《伊菲格涅亚在陶里斯》,并于1788出版。

1786—1788年,赴意大利旅行。

1788年,《哀格蒙特》发表,初次与席勒相识。

1789年,把克里斯蒂安娜·符尔皮乌斯带到家中。

1790年,发表悲剧《托夸多·塔索》,发表《浮士德片段》,研究色彩学。

1792年,出征法国。

1793年，《列那狐》发表。

1794年，与席勒结交。

1795年，与席勒合办刊物《时代女神》。

1796年，完成小说《威廉·麦斯特的学习时代》。

1797年，史诗《赫尔曼与窦绿苔》发表。

1805年，席勒逝世。

1806年，完成诗剧《浮士德》第一部，1808年发表。

1809年，《亲和力》开始发表。

1811年，完成《诗与真》第一部。

1812年，在泰普里茨与贝多芬见面。完成《诗与真》第二部。

1816年，妻克里斯蒂安娜去世。

1819年，《西东诗集》发表。

1823年，爱克尔曼开始访问歌德。

1827—1830年，完成《中德四季晨昏杂咏》组诗。

1828年，魏玛大公卡尔·奥古斯特薨。

1829年，小说《威廉·麦斯特的漫游时代》发表，完成《意大利游记》。

1830年，长子奥古斯特去世。完成《诗与真》第四部。

1831年，《浮士德》第二部脱稿。

1832年3月22日，永眠。《浮士德》第二部发表。

参考文献

1. ［德］歌德. 少年维特之烦恼［M］. 杨武能, 译. 北京：人民文学出版社. 1981.
2. ［德］歌德. 浮士德［M］. 郭沫若, 译. 北京：人民文学出版社. 1959.
3. 王中忱. 外国文学基础［M］. 北京：北京大学出版社. 2008.
4. 吴舜立. 外国文学教程［M］. 西安：陕西师范大学出版社. 2009.
5. 陈应祥, 傅希春, 王慧才. 外国文学［M］. 北京：高等教育出版社. 2009.
6. ［德］爱克尔曼. 歌德对话录［M］. 周学普, 译. 上海：上海译文出版社. 2008.
7. 赵勇, 赵乾龙. 歌德［M］. 沈阳：辽海出版社. 1998.
8. ［德］歌德. 浮士德［M］. 路珏明, 译. 武汉：长江文艺出版社. 2012.
9. 杜长胜. 中西话剧剧目导读［M］. 北京：学苑出版社. 2010.
10. ［德］歌德. 歌德自传［M］. 刘思慕, 译. 北京：人民文学出版社. 1983.